JN127310

図説

ヴィクトリア朝時代

一九世紀ロンドンの世相・暮らし・人々

The Victorians: From Empire and Industry to Poverty and Famine

ジョン・D・ライト
JOHN D. WRIGHT

角敦子［訳］
ATSUKO SUMI

原書房

［図説］ヴィクトリア朝時代——十九世紀ロンドンの世相・暮らし・人々

✣カバー写真――一八九〇年代後半、ロンドンの裏路地の家族
(Popperfoto/Getty Images)

第一章 都市 The City 007

第二章 心と体 Mind and Body 039

第三章 人々 The People 075

第四章 犯罪と刑罰 Crime and Punishment 105

第五章 帝国 Empire 141

第六章 アメリカ America 175

第七章 怪奇の世界 Gothic Lives 207

第八章 科学とテクノロジー Science and Technology 229

1888年、
ニューヨークのスラム街にたむろする
「バンディッツ・ルースト」(無法者の止まり木)。
撮影者はジャコブ・リース。

第一章

都市

The City

ヴィクトリア時代と聞いて思い浮かぶのは、もちろんロンドンである。チャールズ・ディケンズ、アーサー・コナン・ドイルといった作家は、この都市の様子をあざやかに描きだしている。その一方で切り裂きジャックなどの殺人犯についての新聞記事は、現実にあった犯罪の恐ろしさを伝えている。

ヴィクトリア時代にロンドンを快適な住み処としていた家族は、道徳やイギリスの伝統の最良の部分を支えていた。だが立派な邸宅に住む新興の中産階級は、その背後で貧困や疫病、犯罪が深刻化しているのを肌身で感じていた。こうしたものは、階下で働く不幸な召し使いから邸宅内にしょっちゅうもちこまれていた。金持ちも貧乏人も、不平等や、都市の急激な発展から人々の身に生じた無数の問題を甘んじて受け入れていたふしがある。

意外にも、このようなひどい状況をもたらしたのはヴィクトリア時代の「進歩」だった。一七六〇年頃にイギリスで始まった産業革命は一九世紀半ばに勢いに乗り、工場は大量生産用の機械を大型化し台数を増やすようになった。そうした労働力削減の効率化に反感をもったのがラッダイト、繊維工業の職工である。一八一一〜一三年にはすでに、ノッティンガムシャーとヨークシャー、ランカシャーで職にあぶれた労働者が機械を打ち壊す暴動を起こしている。その後この動きは散発的にイングランド南部に波及した。初期の暴動の首謀者は裁判にかけられ、多数の者が絞首刑になるか流刑地に追放された。

農場労働者を都市に引きつけたのは、織物工業や窯業などの産業だった。一八五一年にはイギリスの都市人口が農村人口を上まわっている。農村から人が押し寄せたために、都市部は不潔で人口稠密になり、多くの野心家がスラム街や救貧院で朽ち果てた。熟練工・非熟練工を問わず労働者の数が増えるにつれて、賃金は下がり生活するのがやっとの水準になった。その結果増加したのが凶悪犯罪や強盗、売春、アルコール中毒、そして不健康な食品と病気が主因の早死にだった。

ロンドンはヴィクトリア時代の象徴だった。何よりも、女王がロンドン市民に君臨していた。こうした影響は、イギリスの大工業都市であるバーミンガムやマンチェスター、あるいは世界中で発展しつつある都市でも等しく感じられた。この時代の人々は進歩を希求していたが、日常生活の不安に直面し不満や怒りに駆られて、暴力行為におよぶこともしばしばだった。それはイギリスに限ったことではない。一八六三年にはニューヨーク市でドラフト暴動が、一八七一年にはフランスで労働者によるパリ・コミューン蜂起が発生している。

破壊行為におよんだラッダイトの扇動者。この政治風刺画では女装した姿で描かれている。

産業革命の「闇の悪魔の工場」により、労働者は終わりのない貧困と絶望の生涯を運命づけられた。

貧困

ヴィクトリア時代の人々は、貧しい状況を作りだしているのは貧民自身だと考えていた。怠惰で働きたがらず、酒やギャンブルに溺れて金を浪費しているのだから自業自得だというわけだ。優れた人間はまともで安全な生活をして、劣った人間は極貧に陥るよう運命づけられている。自明の理だろう、と一部の者は考えていた。一八八六年の調査では、ロンドンの住民のうち三分の一が貧しい暮らしをしていた。なかには一ペニーを支払って、市内の保護施設でねぐらを確保している者もいた。一八九〇年代に救世軍が営んでいたブラックフライアーズのそうした施設は、「棺桶ベッド」と呼ばれる木箱を長椅子や床に並べただけで寝場所としていた。

貧しさはまた道徳的に許されない罪で、牢獄に入れて罰するべきだとされた。ロンドンの債務者監獄というと、思い浮かぶのはチャールズ・ディケンズの描写である。一八二四年、チャールズの父親のジョンと家族は、パン屋に四〇ポンドの借金を返済しなかったために、サザクにあるマーシャルシー監獄に投獄された。

当時一二歳だったチャールズは、家族を助けるために学校をやめて靴墨工場で靴磨きの仕事をせざるをえなくなった。そうした体験は、一八五五～五七年に月間連載された『リトル・ドリット』(小池滋訳、筑摩書房)に織りこまれている。

ディケンズの例はヴィクトリア時代では珍しくはなく、収監される債務者は毎年一万人程度いた。負債が完済されるまで、無期限に収監されることもありえた。借金の返済に困窮したのは、囚人も監獄費(部屋代)と食事代を払わなくてはならなかったからである。一八六九年には債務者法が国会を通過して懲役刑は科せられなくなったが、借金の返済にあてられる資金がありながら支払いを拒否した者は、やはり投獄された。一九〇〇年になっても、この監獄には一万一四二七人が収容されていた。

下水とテムズ川の汚染に囲まれた死。1858年出版のパンチ誌に掲載された風刺漫画。

監獄より少しましだったのが救貧院だった。ここで貧困者は、道徳性の向上のために厳しい管理のもとで暮らし、働くこともできた。病人や老人も収容されていたが、大多数は孤児や幼子を抱えた寡婦、夫に捨てられた妻、「堕落した女」(娼婦)だった。入るのを思いとどまらせて長居を防ぐために、生活環境の質はわざと落とされていた。

不潔なロンドン

　都市生活は不衛生だった。街路は泥と馬などの動物の糞で厚く覆われており、霧や煙、油煙の息苦しいスモッグが垂れこめていた。家屋のトイレの汚物だめがしょっちゅう詰まってあふれだすので、悪臭はさらに強烈になった。水洗トイレが普及すると、下水は雨水の排水のために設置されたパイプでテムズ川に流された。川の水は浄化後に飲用水にされているはずだったが、結果的にコレラやチフスなどの伝染病が流行した。この川の臭気はますますひどくなり、一八五八年には「大悪臭」が発生する事態になった。河畔にある国会議事堂では、議員があまりの臭さに苦痛を覚えるほどになったために、悪臭を撃退しようと庶民院のカーテンがカルキの液に浸けられた。国会で新たな下水設備を作る法律が成立したのは、それが無駄な努力とわかったあとである。

債務者監獄の生活

　奇妙なことに債務者監獄の受刑者は、ある種の共同体組織の中で生活していた。この組織は受刑者主体で運営されていた。債務者とともに家族も暮らせたため、監獄の中で子どもが生まれ育った。ほかの受刑者より多く金をもっている者は、監獄所長の部屋に近くて環境のよい監房に入れた。面会も許されており、受刑者が面会者から資金を提供されれば監獄内の店やレストランの支払いにあてられた。その金で一時的に監獄の外に出ることも可能だった。だがどん底の貧困者は、最低限の必要品で間に合わせるしかなく、別の翼棟の雑居房に入れられた。

文無しの受刑者は、過剰収容の債務者監獄で悲惨な生活をしていた。

ヴィクトリア時代の汚染された都市では、市民の寿命が極端に縮まった。その最たる例がスラム街で折り重なるようにして暮らしている貧乏人だった。一八五一年の時点で、小さな市場町のオークハンプトンの平均寿命が五七歳だったのに対し、リヴァプール内は二六歳だった。家庭で燃やす石炭の煤煙や工場から出る有毒なガスは、呼吸器系の病気と短命の原因になった。バーミンガムとシェフィールドでは、金属を生産する際に大量の石炭を燃やしたために、ロンドンより健康を害する危険性が高かった。

トゥリー街火災

火災はつねにヴィクトリア時代の都市の脅威だった。木造建築物がたてこんでおり、消防隊はあっても火事にはじゅうぶん対抗しえなかった。一六六六年のロンドン大火と、それよりあとの一八三四年に国会議事堂が焼け落ちるさまを記憶に刻んだロンドン市民は、火事の危険性を肝に銘じていた。ヴィクトリア女王が即位したのは国会議事堂の火災の三年後である。

一八六一年にロンドンをまたもや破壊し尽くした大火は、一六六六年以来最大規模の火災となった。六月二二日の土曜日に、トゥリー街のコットンズ・ワーフ（綿花の荷揚げ場）から出火したとき、周辺の倉庫には麻、ジュート、綿花、油、塗料、獣脂、硝石などの可燃

物が大量に貯蔵されていた。麻の自然発火が原因と見られている。鉄製の防火扉が開放されていたという人為的なミスが重なって、炎の勢いは強まった。

夕方には、猛火はロンドン橋から税関の建物へと延焼した。炎をあげながらこぼれ落ちたものがテムズ川の川面でも燃えつづけて、船が引火し焼け落ちた。消防車一四台が少量の水で炎に立ち向かったが、消防船でさえも干潮のために役に立たない。それを上まわる悲劇も起こった。倉庫が倒壊してジェームズ・ブレー

トゥリー街の大火災に衝撃を受けたロンドン市民は、さらなる悲劇を防ぐために全市を管轄する消防団を整備した。

ドウッド消防長の命を奪ったのだ。その殉職を知ったとき、ヴィクトリア女王は「とても心が痛みました」と日記に綴っている。火事場には三万人を超えるロンドン市民が詰めかけて見物し、売り子や夜通し店を開けていたパブの飲食物を買い求めた。火は二週間燃えつづけて、二〇〇万ポンド相当の物品および建物が焼失した。

トゥリー街火災をきっかけに、ロンドンの消防体制は刷新された。小規模なロンドン消火団(London Fire Engine Establishment)は、二

1850棟が全焼した。

1871年のシカゴ大火は、10月の8日から10日まで燃えつづけて、市のおよそ3分の1を破壊した。300人が死亡し、9万人が焼けだされて1万7450棟が全焼した結果、被害総額は2億ドルに達した。キャサリン・オリアリー夫人の牛が、納屋のランプを蹴り倒したのが原因と伝えられている。

香港は1878年のクリスマスの夜に大火に見舞われて、市の数ヘクタールを焼失した。地元の写真家は、残り火がまだくすぶっているうちに悲劇的な写真を販売しはじめた。イギリス人事業家のエドワード・フィッシャーが、保険金目当てに放火したとして告訴されたが、有罪にはならなかった。

シカゴ大火で木造建築が壊滅状態になったために、世界初の鉄骨構造の高層ビルが建設された。

五の保険会社によって運営されていた。これに代わって一八六六年に、公営のロンドン消防隊(Metropolitan Fire Brigade)が設立されたのである。

移民の増加

都市の人口が過密化して経済状況が厳しくなると、前例のない規模の移民が発生した。イギリスからの出国も入国もあったが、多くの者がアメリカやオーストラリアなどの国々に旅立った。その最大規模を占めたのがアイルランド人で、一八四五~四九年のジャガイ

その他の大火

ヴィクトリア期には世界中の都市で、木造建築物が狭い街路にぎっしり立ち並んで、入居者を限界まで収容していた。しかも大規模な火災には初期の消防士の能力と手段では対抗できなかったので、住人が自己防衛するほかなかった。

1842年5月5日、ドイツ、ハンブルクの葉巻たばこ工場から出火。火は8日まで燃えつづけて旧市街の建物の3分の1を焼いた。この火事で51人が死亡し、家屋1700棟が焼失した。国際的な契約が始まったばかりの保険業界を揺るがした初の火災で、多くのイギリス系保険会社が莫大な損失を被った。ルーマニアのブカレストでは、1847年3月23日の猛火で市の3分の1が瓦礫と化した。これで中心的な商業地域がほぼ壊滅した。十代の少年が乾燥した干し草置き場に弾丸を撃ちこんだのが出火原因だった。15人が犠牲になり、教会12棟を含む建物

1840年代のジャガイモ飢饉から逃れるために、何百万人ものアイルランド人がアメリカ合衆国に移民した。しかしそこで待っていたのは、母国と変わらない絶望的な生活だった。

モ飢饉から逃れてましな生活をするために、約二〇〇万人がアメリカ合衆国をはじめイングランド、スコットランドを目指した。イギリスの成長著しい産業はまた、ヨーロッパにとどまらず遠方の国々からの移民を引きつけた。ロンドンの街路を歩けば、すぐさま日本人や中国人、インド人、アラブ人に出会っただろう。スピタルフィールズにはとくにユダヤ人が多く住みついていた。彼らはそうした下層民の住むイーストエンドの都市で、独自の言語と伝統を守りつづけた。ロシア帝政による大虐殺などの迫害を逃れてきたユダヤ人は、はじめ同情を集めていたが、やがて一八〇度変節した大衆の態度に直面することになる。移民規制運動を主導したアーノルド・ホワイトなどは、ユダヤ人を「国民生活を脅かす脅威」と断定している。国会議員にも移民全般の規制を求めた者はいたが、実現はしなかった。

イギリス国外への移民で、散々な目に遭ったのが強制移送された者である。法を犯した者は、たとえ軽微な街頭犯罪であっても、船で国外の植民地に送られる可能性

タマニー・ホール

アメリカ独立宣言の起草者トマス・ジェファーソンは、アメリカの人口増加の勢いを見て、人々が「都市で次々と折り重なる」のではないかと懸念していた。1880年にはその予感が的中して、人口は5000万人を超えた。ジェファーソンも見通せなかったのは、市の行政機構の巨大化と腐敗である。大都会の政治団体は問題を効率よく処理できた。が、多くのメンバーが躍起になったのは、自分で甘い汁を吸い、人の世話をする代わりに恩恵の分け前にあずかることだった。

ニューヨークには、腐りきった集票組織が民主党の執行委員会にあり、タマニー・ホールと呼ばれていた。悪名高きウィリアム・「ボス」・トウィードのもとで、地方選挙で不正を働いてライバルの政治家に賄賂を送り、州や国の政策にまで影響力をおよぼした。そのメンバーはグレーゾーンの汚職を働くことに良心の呵責を覚えなかった。たとえばジョージ・ワシントン・プランキットは、公園などの大型建設計画に選定された土地に投機して、莫大な利益を得ている。いち早く候補の土地を購入したあとに、市に高値で売却したのである。

タマニー・ホールはヴィクトリア期を生き延びたが、1932年の大統領戦で民主党候補のフランクリン・D・ルーズヴェルトを支持しないという過ちを犯した。当選したルーズヴェルトは、改革派の新市長フィオレロ・ラ・ガーディアの協力を得て、執行委員会の権限を弱めた。

アメリカの画家トマス・ナッシュが描いたトウィード一味。それぞれが悪いのは隣の奴だと指さしている。

があった。期間は七～一四年だったが、二度と故国の土を踏めなかった者も多かった。死刑判決を受けた犯罪者でも、場合によっては流刑に減刑された。この方針の実行が開始された一七一七年当時、罪人はアメリカの流刑地に送られていた。この国が独立したあと、移送先は主にオーストラリアになった。この制度には欠点があった。アイルランドの民族主義者のような政治犯も流刑になり、安い労働力を必要とするオーストラリアへの船便が増発された。ヴィクトリア時代の人々が悔やみはじめたのは、どんなに困難な新生活が待ち受けていようと、犯罪者を無料で船に乗せてやったことだった。この慣例は一八六八年に廃止されたが、それまでの八〇年ほどのあいだに一五万八七〇二人が移送された。

ニューヨークのアイルランド人スラム街

ヴィクトリア期に貧困から逃れようとしたアイ

ニューヨークのドラフト暴動は、南北戦争の徴兵に対する労働階級の抗議運動だった。

ルランド人が、ニューヨーク市で「アメリカン・ドリーム」をつかむことはなかった。彼らは市のロアーイーストサイドの薄汚い安アパートに詰めこまれていた。一・五キロ四方あまりに三〇万人近くが居住しており、ヴィクトリア期のニューヨークの住民のうち、四人にひとりはアイルランド人だった。アパートのひと部屋に五家族が同居した例もある。そうした場所にはトイレもなければ風呂、水道もなかった。こうして人が群れ集まるうちに、体力や道徳心が急速に減退していったことは、伝染病の流行や過度の飲酒癖、犯罪、暴力の横行に見ることができる。一八六三年にニューヨークで勃発したドラフト暴動には、大勢のアイルランド人もくわわっており、一〇〇人を超えるアフリカ系アメリカ人が殺害された。

屋外も似たり寄ったりだった。ロンドンなどの人口稠密なヴィクトリア時代の産業都市と同じく、ニューヨークの街路も動物と人間の排泄物にまみれて、悪臭と疫病と死をもたらした。子どもは馬の死骸やうろつきまわる豚を横目に不潔な環境で遊んでいた。街路のミルク売りから買って飲む牛乳は汚染されていた。アイルランド移民の子どもの死亡率は約二五パーセントに達している。チャールズ・ディケンズはその年に出版された著書『アメリカ紀行』（伊藤弘之訳、岩波書店）の中で、ここには「貧困と悲惨と悪徳が満ちあふれて」おり、この地域の狭い道は、「至るところ忌まわしい汚物が悪臭を放って」（伊藤弘之訳）いると記している。

ディケンズは、一八四二年にマンハッタンのファイヴポインツ地区を見聞している。警察官ふたりが同行したのは、ここがアイルランド人スラム街でも貧しさと堕落の極にあったからだ。だがディケンズはすぐさまこうした環境を、ほかのヴィクトリア期の都市と比較している。「ほかの場所と同様の結果がここでも生じている。戸口に立っているすさんだ、むくんだ顔は、故国で、また世界中で見られる顔である」（伊藤弘之訳）。

ニューヨークのギャング

ハーバート・アズベリーは一九二七年の著書『ギャング・オブ・ニューヨーク』(富永和子訳、早川書房)の中で、一九世紀のニューヨークの街路であった衝撃的な暴力を描いている。二〇〇二年にはマーティン・スコセッシ監督がこの本を映画化した。いずれも着想は、マンハッタンのファイヴポインツやヘルズキッチン、バウリといった地区にある。殺人者や娼婦、スリなどの盗人が根城にしていた裏社会だ。暗黒街を牛耳っていたのは、山高帽の荒くれども(プラグ・アグリーズ)、四〇人の盗賊(フォーティ・シーヴズ)、バウリ団(ボーイズ)、夜明け団(デイブレーク・ボーイズ)、ホワイオーズ(かけ声が由来)、死んだウサギ(デッド・ラビッツ)といったギャング団だった。そうした中でも凶悪な犯罪者には、肉屋のビル(ビル・ザ・ブッチャー)、吸血鬼ラドウィッグ(ラドウィッグ・ザ・ブラッドサッカー)、あばずれ(ヘル=キャット)マギー、完食の(イーテム・アップ)ジャック・マクマヌス、よだれ(スロベリー)野郎ジム、牛の脚(カウ=レッグド)サム・マッカーシー、セーディ・ザ・ゴート(ヤギに頭突きを食らわしたことから)、ダンディ・ジョニー・ドーランなど、こわもてのする名がついていた。ちなみにドーランは靴底に斧の刃を仕込み、銅製の突起のある指切りのような道具を親指につけて敵の目をえぐっていた。

このようなギャングは警官向けに、縄張りへの立ち入りを禁ずる、さ

悪の集団、ショートテール団(尾の短い上着がトレードマーク)のギャング。ニューヨークのロアーイーストサイドと波止場を恐怖で支配した。1887年撮影。

もなくば報いを受けるだろう、という張り紙をするほど力が強く手がつけられなかった。政治的な会員制組織も運営してさまざまな立候補者を支持し、カジノや酒場などの合法ビジネスも経営した。ギャングはときには別な意味で実務的でもあった。ホワイオーズに属するパイカー・ライアンは、捕まったときに仕事の料金表をもっていた。それによると顔へのパンチは二ドル、片耳を引きちぎるのは一五ドル、「大仕事」として載せられていた殺人は一〇〇ドルだった。

ウィーンの貧困

どんな音楽や建造物、文化、上流社会の栄光も、ヴィクトリア期のウィーンの悲惨な貧困を覆い隠すことはできなかった。当時ウィーンはスラム街と工場に取り囲まれていた。アドルフ・ヒトラーでさえ、この都市の「まばゆいばかりの富裕層と忌まわしい貧民層」に対し怒りを見せている。自由主義的要求を掲げた一八四八年革命が失敗して以来、ウィーンには、広大なオーストリア帝国の全土から貧しい労働者がなだ

ウィーンの一五〇万人という人口はロンドンとパリに次ぐ規模だったが、一八九四年の貧困の度合いは、この二都市をしのいでいた。

あばずれマギー（ヘル=キャット）

ファイヴポインツ地区でひどく恐れられていたギャングに、ヘル=キャット・マギーがいる。この女はアイルランド系移民で、初めはホワイオーズに盗人としてスカウトされた。そこから昇進して戦闘要員となりデッド・ラビッツに移ると、歯をやすりでとがらせ、カミソリの刃のように鋭い真鍮の鉤爪をつけて抗争に参加した。渡り合ったのは主にバウリ・ボーイズだった。

雄叫びをあげながら敵に突進して、爪で引っかき噛みついた。とくに気に入っていたのが、犠牲者の耳を引きちぎりアルコール漬けにして、自分が用心棒をするバーのカウンターの奥に陳列することだった。政党もマギーを「腕力担当」として雇って、選挙中ライバル候補に脅しや攻撃をかけさせている。

れこんで他を圧倒した。こうした新参者は都市中心部の悲惨な安アパートに居住していた。そこには最低限の下水設備しかない。貧乏人はめったに医者に診てもらえなかったので、病気にかかれば、そしてそれがことに結核なら、たいてい命とりになった。そうした犠牲者の中には路上生活者もいたが、街の下水路を住み処にする者もいた。空きっ腹をかかえた者は、街路で見つけたゴミをかき分けて台所の生ゴミを漁った。その多くが子どもだった。一八九一年には、ウィーンの一五〇万人という人口はロンドンとパリに次ぐ規模だったが、ウィーン生まれの者は人口の三分の一だけになっていた。一八九四年の貧困の度合いはこの二都市をしのいでいた。

児童労働

ヴィクトリア時代には、子どもが労働力として利用されていた。ディケンズはそうした犠牲者の代表例として知られている。子どもは教育を切り上げられたうえに、健康を大きな危険にさらされることもしばしばだった。それでもディケンズの靴磨きの仕事は、多くの少年少女に課せられた煙突掃除や炭鉱作業、工場や造船所、農場の重労働とくらべると軽いほうだった。五歳になれば、男の子は炭鉱に行き、女の子は女中奉

1886年の版画。イギリスの鉱山で子どもの労働者が、露出した石炭層から懸命に石炭を運ぼうとしている。

チャールズ・ディケンズ

1812年に生まれたチャールズ・ディケンズは、ヴィクトリア時代の経済と社会の不公平にたちまち直面した。小説家ディケンズは時代の寵児となっただけでなく、執筆した小説を通してロンドンの貧困と社会の不正を暴きだした。1850年の『デイヴィッド・コパフィールド』(中野好夫訳、新潮社)でミコバーが借金のために収監されるくだりなどは、自身の家族の体験をもとにしている。批判の矢を向けたのは、教育、世論、強欲、利己主義、貧困者や弱者への思いやりの欠如などだった。その絶望感は、1838年の『オリヴァー・ツイスト』(加賀山卓朗訳、新潮社)、1853年の『荒涼館』(荒木雄造・小池滋訳、筑摩書房)などの小説に表われており、遺作となった1865年の『互いの友』(田辺洋子訳、こびあん書房)でさらに深まっている。

ディケンズは産業公害にも幻滅している。たとえば1854年の『ハード・タイムズ』(山村元彦他訳、英宝社)では、工場の町の高い煙突が「毒のある煙を多量に吹きだし」ているために、家の窓の「曇ったガラスを通して、コークタウンの人々には永久に光を遮られた太陽しか見えなかった」(山村元彦他訳)と記述している。

名声を得たディケンズだが慈善家としての側面もあり、小説で取り上げたさまざまな社会問題を正す活動をした。市場の立つシェパーズブッシュでは避難所の設立に協力して、貧しい少女や売春、犯罪に陥った女性の更生を助けた。そのほかには貧民学校の支援もしている。犯罪と貧困に何より効果があるのは、教育であると信じたからだ。

ディケンズは学校をやめて工場で手作業をしなければならなかったが、世界中で親しまれるヴィクトリア時代の作家となった。

公にあがった。多くの場合、子どもはひどい扱いや暴力による虐待を受けた。法律が作られても制限されたのは労働時間と働く子どもの年齢だけだった。一八七八年の工場および作業場法で禁じられたのは、一〇歳未満の児童の就労である。一八九一年には依然として、一〇万人以上の一〇～一四歳の少女が女中として働いていた。

児童福祉は少しずつ向上していった。ヴィクトリア女王の治世が終わる頃には、ほとんどの子どもが一二歳まで学校に通っていた。一八五二年には教育を受けていない少年少女は全体の三分の一だったが、一八九九年には八歳までの子どもの就学率は九〇パーセント近くまで上昇した。

児童虐待

ヴィクトリア時代にはえてして、子どものためによいとされるふたつの考え方のために、子どもは辛い目に遭っていた。家族を律するのは父親の責任だと考えられていたので、父親はたいてい子どもを厳しくしつけた。乳母が雇われていれば乳母がしつけを担うこともあったが、狭量で意地の悪い乳母もいた。ある程度の殴打、あるいはベルトなどで打つような体罰でさえも家庭内の問題とされた。若年の召し使いや生徒が同様の辛い扱いを受けても、気にかけられることはなかったので、サディスティックな雇い主と教師はやりたい放題だった。

貧しい家庭の子どもには、それ以上に過酷な運命が待っていた。ふつうごく小さい頃から仕事に出ており、

ヴィクトリア時代の貧しい子どもは、多くの場合、身体的・精神的虐待を受けていたが、救済する機関はなかった。

ヘトヘトになって家に戻れば アル中で暴力的な親に虐待される。家出して路上生活を選ぶ者も多かったが、ときには盗難の被害に遭うことも、食べ物や寝場所と引き換えに売春させられることもあった。一八四八年には、一一～一六歳の少女二七〇〇人足らずが性病でロンドンの病院に収容されている。その大半の原因が売春だった。子どもへの強姦、近親相姦といった性的搾取は日常茶飯事で、ヴィクトリア時代の民衆は糾弾するだけで行動に移さない点でいささか偽善的だった。教会や慈善団体は道徳の危機から子どもを救済しようと努めたが、一八六五年に結婚と性交の法的な承諾年齢が一二歳から一三歳に引き上げられただけだった。児童虐待防止協会が設立されたのは、ようやく一八九一年になってからである。動物愛護協会はその六七年前にできている。

メアリー・エレンの試練

アメリカで公式文書にはじめて記載された児童虐待事件では、一八七四年にやむをえなく動物愛護団体に通報された。メアリー・エレン・ウィルソンの母親は働くために、あと少しで二歳になる娘をある女性に預けた。養育費用が支払われなくなったとき、その女性はメアリー・エレンをニューヨーク市の慈善局に引き渡した。慈善局は、メアリー・マコーマックとの養子縁組みを認めて、少女に実母は亡くなったと言い聞かせた。

マンハッタンに住む養母は残虐な女で、ハサミだろうと生皮のムチだろうと、手近にあるものをつかんでは子どもを夜昼かまわず打ちすえた。メアリー・エレンは外に出してもらえず、養母が仕事に

ヘンリー・バーグは、訪英中に動物の虐待防止に取り組む機関があることを知って、帰国後の1866年にアメリカで同様の組織を立ち上げた。

出るときは狭いクローゼットに鍵をかけて閉じこめられた。七年以上このような責め苦が続くあいだ、少女は殴られ、火や刃物で苛まれて食事もろくに与えられなかった。近所の者には子どもの泣き叫ぶ声が一日中聞こえていたが、教会のケースワーカーであるエタ・ウィーラーが少女の顔と腕に傷跡を見つけるまで、何も行なわれなかった。ウィーラーは警察や市にかけあったが、養母から取り上げたらもっと不幸な境遇になるといわれ、介入を拒まれた。

ウィーラーは次に、全米動物虐待防止協会の設立者、ヘンリー・バーグに接触した。身体的虐待から子どもを守る法律はなかったからである。バーグが職員を近所に送って虐待の事実を確かめると、ニューヨーク州最高裁判所はメアリー・エレンを養母の不法監禁から解放した。一八七四年、一〇歳の少女は裁判で、ニューヨーク・タイムズ紙の見出しによれば「小さな浮浪児に対する非人間的な仕打ち」について証言した。メアリー・コノリー(マコーマックの再婚後の姓)は一年の懲役と重労働の刑に処せられた。

この事件をきっかけに児童虐待撲滅運動が起こった。その年のうちに創立されたニューヨーク児童虐待防止協会は、おそらくこの種の団体としては世界初のものだったろう。メアリー・エレンは、ウィーラーとその母親のもとに送られて幸せに暮らした。やがて結婚し子どもに恵まれて、一九五六年に九二歳の天寿を全うした。

ニューヨーク児童虐待防止協会は、おそらくこの種の団体としては世界初のものだったろう。

非合法な妊娠中絶

ヴィクトリア時代には未婚のまま妊娠すれば、女の貞節と評判は地に落ちると考えられた。このような屈辱を避けるため、また働く女性や子どもを増やしたくない中産階級の女性の産児制限のために、妊娠中絶は行なわれた。

だがイギリス国会は、一八六一年に対人犯罪法を通過させて(現在も有効)妊娠中絶を違法とした。中絶した女性と、医者を含めた協力者は終身刑になった。それにもかかわらず中絶はかなり一般的で、流産が装われる例もあった。既婚女性が妊娠によって命が危うくなったとき、医者が

よい暮らし向きの家庭の女性は、適切な処置で中絶できた。しかし貧しい者は危険なヤミ中絶屋に頼らざるをえなかった。

妊娠中絶反対運動

ボストンの外科医、ホレーショ・ロビンソン・ストアラーは、妊娠中絶反対運動に心血を注いだ。医師人工中絶撲滅運動(Physicians' Crusade Against Abortion)を旗揚げして、ほぼ全州で人工中絶禁止法を成立させた。生命の始まりは一般的に、妊婦がはじめて胎動を感じる「胎動初感」(妊娠4か月頃)にあると信じられていた。が、ストアラーはそれよりも前に命は授かっていると異を唱えた。この医師はまた、国内で生まれる白人の出生率が堕胎で低下すれば、移民に数で圧倒されるかもしれないという恐怖心をうまく利用した。1868年にストアラーは、「これは国の将来の運命を左右する子どもについて、わが国の女性が答えを出さなくてはならない問題なのです」と述べている。

「治療的流産」をさせることすら許されていた。

悪名高いヤミ中絶では、たいてい子宮に水を注入する方法を用いた。さらに悪質になると、編み針など先のとがった道具も使用した。馬に乗る、走る、転倒するなどして、体に強い振動を与える方法もかなりうまく行った。ハーブや堕胎薬、テレピンなどの危険物質を飲んだり食べたりするとそれ以上に早い効果が現れた。ただしたいていそれだけ苦痛をともなったし死ぬ危険性もあった。一八九〇年代のシェフィールドで、水道管による鉛中毒が流産を引き起こす事件があると、早速それをヒントに、中絶を目的とした鉛化合物が市場に出まわった。

金に困った女性は、闇市場で中絶した胎児を売ることもあった。解剖学者は解剖できる検体をほしがっており、中絶や流産で排出された胎児だけでなく、嬰児殺しの死体までも買い取った。

ヴィクトリア時代の女性解放主義者

一九世紀を通して女性の居場所は家庭にあった。ヴィクトリア女王は幸せな家庭生活や母親としての役割、尊敬すべき態度を重視しており、女性の鏡というべき存在だった。こうした美徳に合わせて、女性は美化され偶

女性の投票権を求めて40年間活動しつづけたエメリン・パンクハースト。男女平等の参政権を認める法律が成立したのを見届けて、数週間後にこの世を去った。

スーザン・B・アンソニー

アンソニーはニューヨーク州ロチェスターに近い地元で、奴隷廃止を唱え禁酒運動を支持していた。その後、米国で萌芽期だった婦人参政権活動に身を投じる。1872年の大統領選挙では女であるため違法な投票を敢行。逮捕後に有罪になり、罰金刑を科せられたが支払いを拒否した。1888年、国際女性会議の設立に尽力し、1892年には全米婦人参政権協会の会長に就任した。アンソニーはいう。「女性が自分で法律を作り議員を選ばなければ、完全な平等はないでしょう」1979年の新しい1ドル硬貨に横顔が象られて、アメリカの女性としてはじめて通貨の図柄になった。

スーザン・B・アンソニーは、女性の財産と収入の所有権を求める運動もしていた。

像化された。ところが産業革命とともにそうした家庭に限定された生活も変わりはじめて、劣悪な環境で働く女性や、働き口がないまま極貧から抜けだせない女性への懸念が生じた。とくに都市部で女性は、家を出て慈善活動を始めていた。そしてそうした風当たりの強い実世界に飛びこんだことをきっかけに、女性解放運動が芽を出した。チャールズ・ディケンズは一八五三年の小説『荒涼館』(荒木雄造・小池滋訳、筑摩書房)の中で、ジェリビー夫人とパーディグル夫人を登場させて女性活動家を皮肉っている。このふたりは家族そっちのけで慈善活動に精を出していた。

一八五九年、ロンドンでランガム・プレース・サークルが創設されて、イギリスではじめて女性解放運動が組織化された。メンバーの中産階級の女性は、女性にも適切な教育を与え雇用するよう求めた。画家の活動家バーバラ・リー・スミスなどのメンバー数人は、一八六六年に初の婦人参政権運動を開始し、一八九九年、エメリン・パンクハーストが婦人参政権同盟を設立した。エメリンの夫はそうした運動を積極的に支持していた。一八九三年にはニュージーランドが民主主義国家の先頭を切って女性の投票権を認めたが、この権利はイギリスでは後れて一九一八年に、アメリカでも一九二〇年に実現された。一九〇三年、パンクハーストが女性社会政治同盟を結成。非合法的手段も辞さないそのメンバーは「サフラジェット」と呼ばれて、過激な婦人参政権運動家の先駆けとなった。

シカゴのギャンブラー

勤勉で道徳を重んじるヴィクトリア時代の人々にとって、ギャンブルは中毒性のある悪徳だった。社会的地位のあるロンドンの家族の目にはあまり触れなかったが、歴史の浅いアメリカの都市となるとそううまく抑えこめなかった。シカゴはたちまち違法賭博の温床となった。カードやサイコロの勝負だけでなく、ボクシング、競馬、闘鶏といったスポーツも賭け事の対象になった。一

シカゴのカジノなどの賭博場には、荒くれ者から市のエリートにいたるまで雑多な人間が引き寄せられた。

アイリッシュ・モリー

シカゴのギャンブラー界随一の金持ちで垢抜けた服装をしていたのが、ヴァージニア出身のジョージ・トラッセルだった。この男は、14歳のウェイトレス、モリー・コスグリフと出会ってぞっこんになり、子をひとりもうけたが結婚はしなかった。やがてモリーは売春宿の女将となり、「アイリッシュ・モリー」と呼ばれるようになった。

南北戦争が終結すると、トラッセルは二輪馬車レースに出ている有名な馬デクスターを購入した。トラッセルが厩舎で過ごす時間が長くなったので、モリーは寂しい思いをしていた。それが限界に達したのが、1866年、デクスターの勝利を祝うためにシャンパン・ディナーを開くようトラッセルに命じられたときだった。モリーは素直に客を招待したが、馬主が顔を見せないので恥をかいた。まだ白いディナー・ドレス姿の女主人は、酒場にいるトラッセルを見つけだす。トラッセルはバー・カウンターのそばに立っていた。モリーはトラッセルに抱きつくと、バッグから拳銃を取りだして、32歳のギャンブラーの心臓に弾丸を撃ちこんだ。「ジョージ！　あたしあなたを殺しちゃった？」と絶叫するモリー。警察が駆けつけると、トラッセルに最後のキスをしたいと懇願した。「この人のために何もかも諦めたんですもの」

モリーは殺人の容疑で逮捕された。使用された拳銃が不可解にも行方不明になり、弁護士は「一時的な感情的錯乱」を主張した。モリーは数か月懲役を勤めたあと恩赦を受けた。移り住んだカリフォルニアでは、皮肉なことに一頭の馬に彼女の名がつけられた。

八三〇年代には、教会の信徒団体からの反対が市職員を動かし、二か所の賭博場に厳しいガサ入れが行なわれて経営者が収監された。だが一八五〇年には、市の中心部に一〇〇軒ほどの賭博場が集まっており、その多くが酒場を兼業していた。こうした店舗を閉鎖しようとする動きがなかったのは、家賃や従業員への給料、ギャンブル客が周辺の商売に落とす金がシカゴの経済を潤したためだ。南北戦争(一八六一〜六五年)中に稼げなくなった南部のギャンブラーは、シカゴの金まわりのよい賭場に移り、北軍の兵士と肩を並べてカードやサイコロのテーブルにすわった。大勝ちした者が、女(たいていは売春宿からの調達)をはべらせて、幌なし馬車で凱旋する風景はよく見られた。

賭博場は規模の大きなカジノへと成長

し、一八七〇年には巨大なシンジケートとして結託しはじめた。その力は、献金によって政治家に影響をおよぼし賄賂で警察を遠ざけられるほど強大になった。間もなく賭博を仕切るシンジケートが三つ台頭して、暴力で賭場を操るようになった。だがシカゴもヴィクトリア期の道徳観念に無関心ではなかった。大衆や報道の強い世論に押され、政治家の力によって市で目立つ賭博組織が潰された。一八九〇年代になると、カジノは市の管轄外である郊外へと移転した。

ニューヨークのドラフト暴動

ヴィクトリア期のちょうどアメリカで南北戦争があった時期に、緊迫したニューヨーク市で流血の惨事が発生している。一八六三年七月一三日、死者数でアメリカ史上五指に入る暴動が発生した。マンハッタンで五日間にわたって、何千人という人間が殺人と略奪の狂騒に走ったのは、あらたに定められた連邦徴兵法に反発したからだった。南北戦争でニューヨーク州は奴隷州と敵対していた。そのため白人住民が、黒人の自由を求めて戦争になった事態に腹を立てて黒人を標的にしたのである。ニューヨーク市はまた、南部の生産物と強い経済的なつながりがあったので、南部の大義をさまざまな意味で支持していた。とくに綿花は同市からの船荷の四〇パーセントを占めていた。奴隷が解放されたら、黒人が安い労働力として市にあふれるのではないかという不安もあった。一八六〇年の大統領選で、ニューヨーカーはエイブラハム・リンカーンに対し断固たる不支持を突きつけていた。実現こそしなかったが、フェルナンド・ウッド市長は合衆国からの市の離脱まで提案していた。

殺害された犠牲者の遺体は、手足を切断され街路を引きずられて街灯から吊された。

殺害された犠牲者の遺体は、手足を切断され街路を引きずられて街灯から吊された。公式発表の死者数は一一九人だが、地元の者はその二倍かそれ以上だったと証言している。多くの場面で暴徒をけしかけたアイルランド人労働者は、アフリカ系アメリカ人は仕事を奪う敵だと見ていた。暴徒は五番街にある黒人孤児院にくわえて、商店から下宿屋、売春宿にいたるまで、アフリカ系アメリカ人にサービスを提供する場所を片っ端から焼き払った。暴動が続いたのは北部連邦軍が到着するまでだった。それでも大勢のアフリカ系アメリカ人の家族がこの市から逃げて、二度と戻らなかった。

パリの大虐殺

一八七一年、普仏戦争に破れたフランスでは、政府がとるべき新体制について凄まじい論争が沸き起こっていた。同年二月の総選挙では保守派が国会の優位を占めたが、パリジャンは保守派の王政復古を危惧して急進的な共和派に投票していた。政府は最悪の事態を恐れて、パリに兵士を派遣し大砲を撤去させた。共和派は兵士が自分らと合流するものと確信して、将校ふたりを銃殺した。市から裕福な家族が避難するなか、反逆者は共和主義と社会主義の理想を主

1848年のヨーロッパの革命

1848年には、共和主義の理想に突き動かされて数か国で君主制への反乱が起こった。ただし成功例はなかった。1月に先頭を切ってシチリアの民衆が立ち上がると、2月にフランス、さらにはオーストリアとドイツの人民がそれに続いた。暴動の中心地はパリ、ウィーン、ベルリンだった。フランスでは第二共和政が成立したが、不満をいだいた労働者が6月になって蜂起した。パリ、プラハ、ウィーン、ベルリン、ローマで、各国の軍隊が革命勢力をあっさり打ち破った。ドイツ、オーストリア、イタリアでは強大な君主制が確立した。フランスでは1852年の国民投票の結果、第二共和政の前大統領が皇帝ナポレオン3世として即位した。革命が促進させた波及効果には、ドイツとイタリアでの統一運動の始まりなどがある。

張する自治政府、コミューンを樹立した。その政策には貧困者への給食と住居の供給、労働時間を一日一〇時間以下に制限することなどが盛りこまれていた。チャールズ・ディケンズが賛同しそうな内容である。

トゥールーズ、リヨン、マルセイユなどの地方都市では、選挙で成立したコミューンの動きはあっという間に鎮圧された。だが、パリ・コミューン政府はヴェルサイユ宮殿で活動する国会に、組織的な抵抗運動で立ち向かった。五月二一日、ヴェルサイユ政府は抵抗勢力を一掃するべく、市内全域に部隊を派遣した。パリ・コミューン支持者は街路にバリケードを築いて、市庁舎、パレ・ド・ジュスティス(司法宮)、チュイルリー宮に火をかけ、ナポレオン像を引き倒した。それから五月二八日まで続いた「血の週間」で、フランス軍はおよそ二万人もの反逆者を殺戮したが、味方の犠牲は七五〇人にとどめた。コミューンが敗北すると、政府軍は約三万八〇〇〇人を逮捕した。そのうちおよそ一万人が収監されて、七〇〇〇人以上が南太平洋のニューカレドニア島にある強制労働収容所に追放された。

それから続いた「血の週間」で、フランス軍はおよそ二万人もの反逆者を殺戮したが、味方の犠牲は七五〇人にとどめた。

ヴィクトリア女王の暗殺未遂

ヨーロッパの他国とは違って、ヴィクトリア女王治世下のイギリスでは、国家を揺るがすような暴動は避けられていた。女王は臣民に敬愛されていたが、それでも八度もの暗殺未遂に遭っている。これほど命を狙われた君主はいない。最初の暗殺未遂は一八四〇年六月一〇日に発生した。一八歳のエドワード・オクスフォードが、妊娠中の女王と夫君のアルバート公が天蓋のない馬車でハイドパークに入ってきたところを二発銃撃した。弾丸ははずれ、オクスフォードは群衆に取り押さえられた。二度目の一八四二年五月二九日には、ジョン・フランシスが馬車の女王夫妻に拳銃を向けたが、不発に終わってグリーン・パークに姿をくらました。翌日もフランシスは発砲したが、命中せず即刻警察に逮捕された。五週間後の七月三日には、一七歳のジョン・ウィリアム・ビーンが、セントジェームズ・パークの散歩道で女王の馬車に射撃しようとしたが、銃が作動不良を起こした。ビーンは逃走したが自宅で身柄を拘束された。一八四九年六月一九日、アイルランド系移民のジョン・ハミルトンが、女王と子女三人の乗った馬車に引き金を絞ったが、拳銃にこめられていたのは装薬のみで弾丸はなかった。一年後の一八五〇年六月二七日、精神異常が知られているロバート・ペートが、女王の馬車に近づきステッキを女王の額に振り下ろし

1871年、パリで堅固なバリケードを築くパリ・コミューンの逆徒。フランス軍によって民衆の運動は無残にも打ち砕かれた。

女王の護衛

ヴィクトリア女王を一度暗殺から救っているジョン・ブラウンは、女王の従僕で、1861年の夫君アルバート公の崩御以来、女王の腹心の友だった。この無骨でひげ面のスコットランド人と女王との親交は20年におよんだ。ブラウンは公の場にもスコットランド民族衣装のキルト姿で必ず随伴した。馬車にも同乗して、ロンドン市街の危険から女王を守る盾となった。夜も女王の寝室の隣部屋で休んでいたので、宮廷関係者のあいだでは、ふたりは愛人関係にあるのではないか、1868年にスイスで結婚式まで挙げているのではないか、という風評が流れた。

1883年にブラウンが死去したとき、女王はある閣僚への手紙の中で、「愛しい忠実な友人のたくましい腕がどれほど懐かしく思われるか」と述べたあとにこう続けている。「おそらくこれまでの歴史の中で、君主と下僕のあいだでこれほど強固で真実の結びつきはなく、これほど温かく愛情に満ちた友情はなかったでしょう……がっしりとした体格にくわえて強固な意志、……何物も恐れぬ高潔さ、親切心、正義感、誠実さ、独立独歩と無私の精神に、思いやりのある温かい心を併せもった……卓抜した人物でした」女王が崩御したときは、生前の指示に従って棺の中にブラウンのひと房の髪と写真、ハンカチーフと手紙が収められた。アルバート公の思い出の品も女王とともに葬られた。

ジョン・ブラウンは、晩年のヴィクトリア女王を慰めて身を守った。王室ではブラウンを「女王の種馬」と呼んでいた。

た。打撲傷を負った女王の目の周囲には青あざができた。一八七二年二月二九日、一七歳のアーサー・オコナーが、バッキンガム宮殿の柵をよじ登って中庭で至近距離から女王に拳銃を突きつけたが、女王の侍従、ジョン・ブラウンに体当たりを食らわせられた。一八八二年三月二日、これもまた精神的に問題のあるロデリック・マクリーンが、ウィンザーの鉄道駅から出た女王の馬車に弾丸を撃ちこんだが、イートン校の生徒たちに押さえこまれてそのまま御用となった。

処罰は暗殺者の精神状態によって大きく変わり、精神病院に入れられる者も流刑地に送られる者もいた。ジョン・フランシスは絞首後の引きまわし、四つ裂きの刑というもっとも重い刑に決まったが、女王の計らいで終身流刑に減刑された。女王は襲撃について達観した考えをもっていた。「撃たれてどれだけ愛されているかがわかるのですから、無駄ではありません」

暗殺を逃れたヴィクトリア女王。1840年6月10日水曜日の夕刻の出来事で、エドワード・オクスフォードの放った銃弾2発は、女王には当たらなかった。

男性を収容した救貧院の夕食。
ここで貧民と老人は、道徳と宗教に関する
指導とともに食べ物を与えられた。

第二章 心と体

Mind and Body

ヴィクトリア時代には、都市生活が助長した感染症の流行もあったが、同時に医学や市街地の公衆衛生は大きな進歩を遂げた。人の精神についてはまだ誤解があり、一九世紀後半になるまで原始的な治療が行なわれていた。

この時代の都市住民は、多様な伝染病にほぼお手上げの状態だった。感染源が特定されたとしても、政府は対応に遅れるか無策だった。ロンドンは感染力の強いコレラに襲われてようやく重い腰をあげたが、それは死者が一八四八年から翌年にかけて一万四一三七人、一八五三年に一万七三八人出たあとだった。政治家の働きかけで、市の汚物だめの清掃と下水道の再建が実施され、今日の設備ができあがっている。イギリスのほかの都市も同じ運命をたどった。一八五四年にはニューカッスルアポンタイン市でも流行があった。コレラはアメリカでも猛威をふるっており、一八三二年にニューヨーク市とオハイオ州シンシナティで流行が発生している。

他国の人口過密な都市では、さまざまな種類の疫病の犠牲者が次々と出ていた。腺ペストの恐怖はつねに世界各地にあり、中国、日本、インド、イラン、エジプトが深刻な被害を受けた。天然痘はアメリカ、カナダ、オーストラリア、南アフリカ、エチオピア、スーダンで流行した。黄熱病はアメリカ南部のニューオーリンズやメンフィスといった都市で、数多くの死者を出した。

ヴィクトリア時代の医者は、疫病の治療と流行の抑制に苦戦していた。一八三八年にチャールズ・ディケンズは、結核は「恐ろしい病気」で「薬では治らず」、しかも「金で防げない」と書いている。それでも最前線の研究は多方面で前進しつつあった。フランスの化学者ルイ・パスツールは、一八五〇年代に微生物が感染症などの病気の原因であることを突き止めて、今では低温殺菌法として知られる手法とワクチンを開発した。こうした発見を踏まえて、一八六七年にはイギリスの外科医ジョゼフ・リスターが、はじめて外科手術に外用防腐剤を使用した。一八八〇年代に

疫病のコレラを象徴した絵。死に神がポンプで汲んでいる水は、下水で汚染されているのだろう。

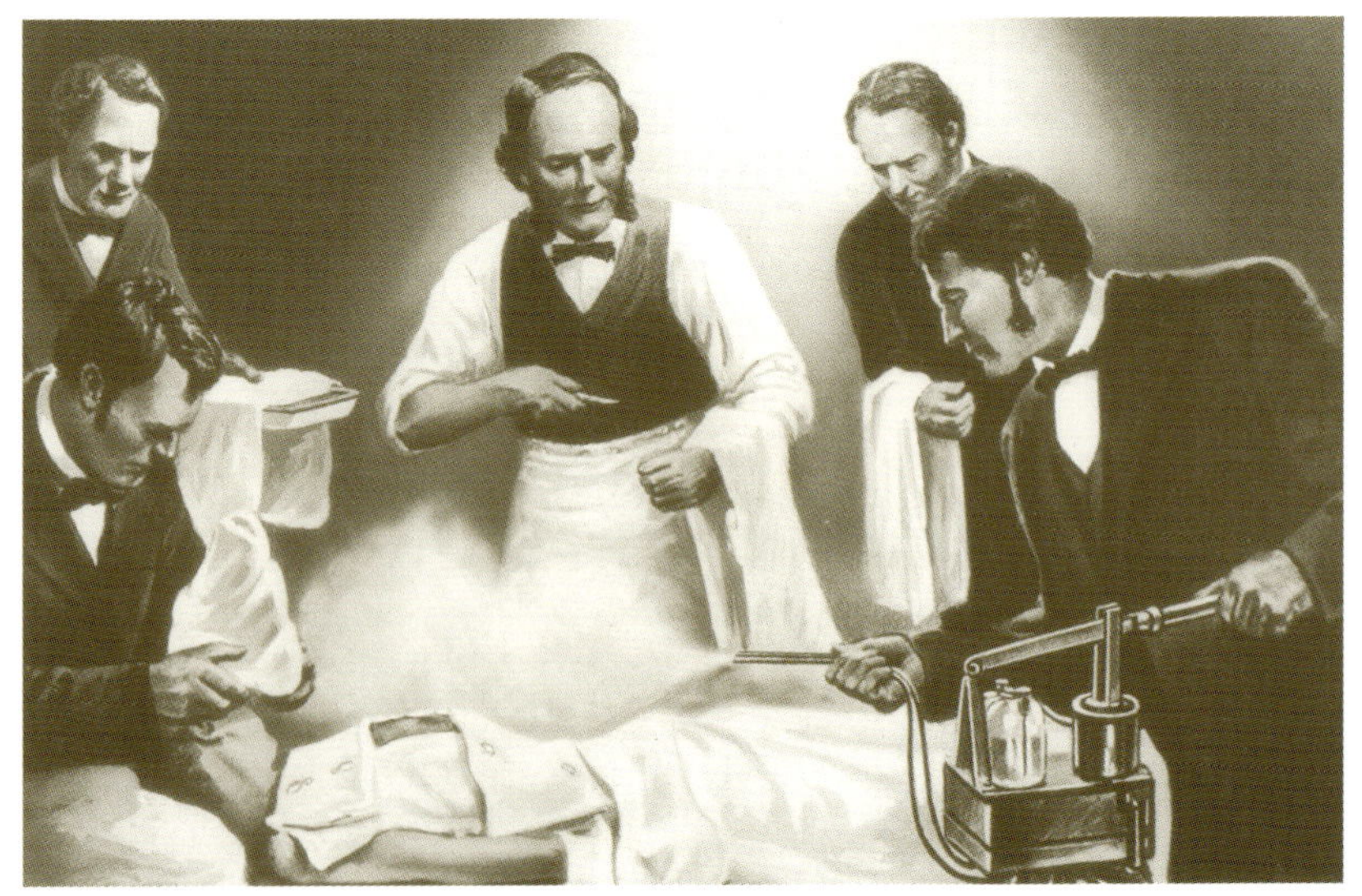

イギリスの外科医ジョゼフ・リスター（中央）が、自身の考案したフェノールスプレーで消毒する助手を見守っている。

クリミア戦争中にスクタリの兵舎病院を見まわるフローレンス・ナイチンゲール。ナイチンゲールはここで衛生環境の改善運動に手をつけた。

なるとドイツの医師ロベルト・コッホが、コレラ菌と結核菌を確認し、一八九二年にはコレラのワクチン開発に取り組んだ。その後チフスや破傷風、ペストも研究されて治療法が見つかった。一八九五年には、ドイツの物理学者ヴィルヘルム・レントゲンがX線を発見して、医療診断を一変させた。

ヴィクトリア時代の危険

一八五八年のロンドンは、約二三二万人という世界に冠たる人口を誇る都市だった。中産階級の男性の平均寿命は四五歳で、子どもは運がよければ五歳になれた。おびただしい数の病に遭遇した人々は、悪いのは「瘴気（ミアズマ）」、つまり有毒ガスで汚染された空気で、それは不快な臭いで感知できると考えていた。この考えには医師や看護師も賛同していた。そのひとり、フローレンス・ナイチンゲールは幸いにも掃除と新鮮な空気で臭いと病気を根絶できると判断した。そして病院自体が瘴気を作りだしていると考えて、風通しのよい病室に開放的なバルコニーを付設する必要性を強調した。街中のもぐりの医者が貧しい者にほどこした治療はそれとは異なっていた。肺結核を「治す」薬液とそれを蒸気にする吸入器を売りつけたのだ。

瘴気説は誤っていたが、都市の劣悪な環境を浮き彫りにはした。感染はそのために助長されていたのであ

ヴィクトリア時代の家屋で体に害をおよぼしそうなもの。ヒ素、ネズミ、ゴキブリ、たちこめた煙に、納税通知書や請求書までくわわっている。

る。一八四八〜四九年、および一八五三年のコレラの大流行でロンドンは破滅的な被害を受けた。一八五八年のうだるような夏に「大悪臭」が発生した際には、国会は、全長一三三キロの下水設備の建設という巨大土木工事のために、あらたに予算をつけざるをえなくなった。この工事で下水は旧設備から分岐して、地下の新下水道に流された。その下水はテムズ川の両側を並行して走る下水管を通って、ロンドン東部にある新処理場に送られ、ここから海にポンプで排出された。

家の外に行かなくても危険な目に遭う恐れはあった。ヴィクトリア時代には、壁紙用の緑の染料にヒ素が使用されていて、ヒ素中毒に冒された者が少なくなかった。バーミンガムの医師ウィリアム・ハインズは、一八五七年にこの顔料について次のように警告している。「イギリスでは、大規模な中毒がゆっくり進行している」バッキンガム宮殿に泊まった賓客が体調を崩したあと、ヴィクトリア女王は宮殿の緑色の壁紙を撤去させた。壁紙のデザインで一世を風靡(ふうび)したウィリアム・モリスはそれを否定し、ヒ素恐怖症はヒステリーの一種だと評した(モリス家のヒ素鉱山が主要な生産地となっていたため)。この毒性のある染料は、衣服や子どもの玩具にも使われていた。それどころか粉おしろい、除毛剤、ネズミやハエ(あるいは夫や妻)の駆除剤として、ヒ素は家中にあったのである。

ロンドンの街の散策

ヴィクトリア時代のロンドン散策は、あまり気持ちのよいものではなかった。第一に、役馬が猛烈な勢いで走っており、一八九〇年代に三〇万頭ほどいた馬は、すでに不衛生になっていた街路に毎日一〇〇〇トンを超える糞を落としていた。そこに放し飼いの豚と羊の糞がくわわる。小僧が雇われて行き交う馬車を避けながら、落ちたそばから糞をすくい上げたが、これは困難で危険な仕事だった。馬の小便も通りを水浸しにした。荷車を馬に引かせた役馬が猛烈な勢いで走っており、一八九〇年代に三〇万頭ほどいた馬は、すでに不衛生になっていた街路に毎日一〇〇〇トンを超える糞を落とした。

ゴミ収集者は気まぐれにやって来て、家の外に出されたゴミを撤去するのに当然のようにチップを要求した。スラム街では、不潔な屋外トイレではなく街路の格子蓋のうえで排便する住民もいたので、問題はさらに深刻だった。チャールズ・ディケンズは一八五九年に、そうしたノティングヒル付近の地域について、自身の編集する週刊誌ハウスホールド・ワーズで次のように書いている。「悪臭のする排水溝、蓋のない下水路、壊れた下水溝があり、この上なくひどい悪臭がしてどこも腐ったものだらけだ」

汚物だめの問題

ヴィクトリア時代の汚物だめはレンガで囲った小型の浄化槽で、深さ一・八メートル、幅一・二メートルほどの穴に設けられていた。農村部なら家屋と離して設置されたのだろうが、ロンドンなどの人の密集した都市では、各家の地下室に押しこめるしかなかった。その真上が家族用のトイレになっている。この単純な配置はうまく機能したが、悪臭は断てなかった。

汚物だめは多孔質だったので、水分がにじみ出て固形物が残った。固形物は「汲み取り屋」に引き取られる。ただしその作業は法律の定めで真夜中にならないと開始できなかった。作業員の「ロープ係」が釣り桶かカゴを「穴係」のところまで下ろす。穴係は穴の中まで這い下りて、排泄物を容器にすくい入れる一番汚い仕事を受けもつ。するとそれをふたりの「桶係」が荷車まで運んで、農家に堆肥として売る。汲み取り作業は重労働で事故を起こしやすく、発生したガスのせいで病気になったり窒息死したりすることもあった。

ジョゼフ・バザルジェット

フリート街の下水管の建設は一大プロジェクトで、今日も下水管は驚くほど良好な状態を保っている。

1856年、ジョゼフ・バザルジェットはロンドンで新設された首都事業委員会から技師長に任命された。その頃のテムズ川は、水洗トイレの蓋のない下水道も同然だった。1858年の「大悪臭」を克服すべく、バザルジェットは全長1770キロの街路下水溝を敷設して、未処理の汚物を流下した。またその地下には3億1800万個のレンガを使って、全長133キロの下水本管を建設した。下水はテムズ川下流で放流されて、潮の流れで海に廃棄された。

第1段階は1865年に完了したが、翌年にはコレラの流行が繰り返された。この下水設備ではまだ、何トンもの未処理の屎尿が川に捨てられていた。1878年には、下水管の流出口付近で遊覧船が沈没して、乗客640人が死亡した。そのほとんどがテムズ川の汚染の犠牲になっている。バザルジェットはこうした問題を、要所に置いた処理場によって解決した。この追加施設のおかげでロンドン市民の罹患率と死亡率は激減して、恐れられていたコレラは撲滅された。

バザルジェットの計画で画期的だったのは、テムズ川北岸に、順にヴィクトリア、アルバート、チェルシーと名づけられた通りを作って、下水管を川に並行して走らせたことである。

これでテムズ川の川幅が45メートル狭くなり、水の勢いが増して汚れを押し流しやすくなった。ヴィクトリア女王は、当時世界最大の土木事業を成功させたバザルジェットの功績を讃えて、ナイト爵に叙した。この下水施設は建設に20年近くを要して、1885年に竣工した。

こういった設備に問題が生じたのは、一九世紀半ばに水洗トイレが普及してからだった。既存の汚物だめへの接続は理にかなっているように思われたが、水を大量に流したので沈殿していた排泄物があふれだす結果になった。悪臭を放つ汚水で地下室は水浸しになった。すると鼻が曲がりそうな臭いが部屋という部屋に染みついて、耐えがたいほどになった。同時に立ち上る空気はコレラやチフスといった疫病をともなった。最終的にこの状態が緩和されたのは、トイレが下水管に直結されてからである。

「コレラ王」

いつの時代もコレラが発生すれば人が死んだ。ヴィクトリア女王が即位する五年前の一八三二年にはイギリスが襲われて、死者数がロンドンで六五三六人、イギリス全体で五万

A COURT FOR KING CHOLERA.

1852年、パンチ誌の風刺画。街路のゴミの山の周囲に大勢の人がいて、コレラの温床となっている。

コレラは恐れられた疫病で、下痢、嘔吐、胃痙攣、手足の痛み、重い脱水症状を起こした。

五〇〇〇人に達した。「コレラ王」と呼ばれたこの疫病は、一八四八年から翌年にかけてさらに猛威をふるって、ロンドンで一万四一三七人の命を奪っている。一八五三年の再流行でもロンドンで一万七三八人が、そのほかのイングランドの都市とウェールズで五万二〇〇〇人が死亡した。

これは一八五二年に始まった世界的流行のほんの一部にすぎず、ロシアでは一〇〇万人以上が命を落とした。さらにヴィクトリア期を通してこの疫病が世界を縦横無尽に移動するにつれて、中国、日本、インド、朝鮮、フィリピン、イラク、イラン、チュニジア、アメリカなどの国で何百万人もの死者が出た。

コレラは恐れられた疫病で、下痢、嘔吐、胃痙攣、手足の痛み、重い脱水症状を起こし、こうした症状が現れてから数時間以内に死にいたることもあった。医者は、原因は「瘴気」を生じる環境にあり、体の弱い者はもちろん、道徳心の弱い者もかかりやすいとした。瀉血（しゃけつ）やアヘンの摂取といった、でたらめな治療も行なわれた。多くのインチキ呪医が、「ライマーのペルー製（ライマーズ・ペルーヴィアン）トニック・ドロップ」のような、ほとんどブランデーをベースにした調合薬を販売した。

ロベルト・コッホはコレラ菌を発見して、1905年にノーベル生理学・医学賞を受賞した。

真の原因である微生物は、一八八三年にドイツの医師、ロベルト・コッホによって発見された。これでコレラが感染症であることが証明された。ロンドンの医師ジョン・スノーは、一八五四年に実証的な方法で同じ結論に達している。ソーホー地区でコレラが発生した際に、スノーは一〇日間で五〇〇人以上が亡くなっているのに注目した。そして、個々の死亡例を追跡してブロードストリートにある一台の井戸用水汲みポンプにたどり着き、当局にハンドルを撤去させた。死者数はみるみるうちに減少した。役所も家庭の排泄物を問題視しはじめて、市民に家屋から固形物の山と汚水を撤去するよう通達を出した。すると、住民が汚物だめの中身と未処理の下水をテムズ川に投棄したので、汚染はいっそう悪化した。一八八五年には新下水設備のおかげでロンドンの安全性は高まった。その一方で、一八九二年にはロシア出身の医師ヴァルデマール・ハフキンによって、コレラのワクチンも開発された。

結核

結核がイギリスやヨーロッパ、アメリカで流行を引き起こすレベルになったのは、一八〇〇年代半ばだった。空気感染で強い感染力をもつ結核は、ヴィクトリア時代の小説家、シャーロット・ブロンテの家族七人の命を奪った。結核は、チャールズ・ディケンズの描くロンドンの環境でも、とりわけ貧困者のあいだで蔓延していた。貧しい者は栄養失調に苦しみ、家屋の密集した地域で風通しの悪い家に住んでいた。一八五一〜一九一〇年には、イングランドとウェールズで約四〇〇万人が結核で落命している。そのうち半数が二〇〜二四歳だった。

抗生物質がないなか、この恐ろしい肺病の犠牲者は徐々に衰弱してサナトリウムに隔離された。ヴィクトリア時代の人々がこの病を「白い疫病」と呼んだのは、患者の肌が透けるような白さになるからだ。同時代の作家はそうした外見を美化している。アメリカの作家エドガー・アラン・ポーは、この病にかかった妻のヴァージニアが死期を

通電チェーン

1870年、下肢痛に苦しんだチャールズ・ディケンズは、痛みを取り除く最新流行の通電プルファーマッハー・ベルトを注文した。物理学者のアイザック・プルファーマッハーから購入したもので、棒型の電池が鎖状につながれている。このベルトを酢に浸したあと電極に接続して皮膚に装着した。1851年のロンドン万国博覧会のパビリオン、水晶宮で公開されると、欧米で約5万人の人々に利用された。この電気療法の装置は、接触している体の部分にちくちくする電流、つまりかすかなショックを感じさせる。鬱病、疲労、頭痛、動悸、痔核、下痢などさまざまな症状に効果があるとされた。

迎えつつあるとき、「病的な繊細さが天使のようだ」と描写している。吸血鬼に血を吸われたようだと感じる者もいた。

一九世紀には結核に効く治療法はなかった。医者は瀉血で患者を清めて、健康によい気候で空気がきれいな山地などで療養するよう忠告した。また結核もコレラと同様瘴気によって引き起こされると信じられていたが、一八八二年にはロベルト・コッホが病原菌を発見した(前述したようにコレラ菌も発見したコッホは、一九〇五年にノーベル医学・生理学賞を受賞している)。この発見であらたに結核を抑制する治療法が生まれると同時に、公衆の場でつばを吐かないよう働きかける運動が起こり、患者は換気のよいサナトリウムに月または年単位で収容されるようになった。一八六〇～九五年に、イングランドとウェールズの結核死亡率は三九パーセント減少した。ただし抗生物質のストレプトマイシンが治療効果を発揮したのは、ようやく一九四六年になってからである。

ヴィクトリア期の麻薬

ヴィクトリア期は、世界中のどの国でも麻薬乱用の道に陥るのは容易だった。イギリスの薬局は、一八六八年に薬事法ができるまで無制限に麻薬を販売していたし、その後も手に入りやすさはどこでも変わらなかった。麻薬は社会のどの階層でも用いられて、習慣性はあっても依存症にならないという通念があった。アルコールも一般的な薬の成分になっており、腎臓や肝臓の病気の薬にも使われていた。

とくにひろく出まわっていたのがアヘンチンキである。アヘン誘導剤［アヘンから抽出したモルヒネ、コカインなど］を水やワインに混ぜたもので、家庭で日常的に鎮痛剤として、あるいは咳から心臓病まであらゆる症状に効く万能薬として服用された。作家のあいだで人気があり、サミュエル・テーラー・コールリッジなどは、アヘンチンキを飲んだあと強烈な夢を見て、有名な詩「クーブラ・カーン」（一八一六年出版）を書き上げた。チャールズ・ディケンズ、エリザベス・バレット・ブラウニング、バイロン卿、ジョージ・エリオット、パーシー・ビッシュ・シェリー、ブラム・ストーカーなども愛用者だった。

アヘンは、大英帝国のはるか片隅から入手が容易になり、ロマンチックなイメージの源とされるようになった。一八二一年にトマス・ド・クインシーは有名な著書『阿片常用者の告白』（野島秀勝訳、岩波書店）を執筆して、想像力を豊かにする効果を称えている。アヘンはまたさまざまな調合薬に混ぜられ万能薬として販売された。そのひとつ、「マザーズ・フレンド」は特許も取得した薬で、子どもを沈静化するために与えられたが、ときには死にいたることもあった。イーストロンドンの陰気臭いアヘン窟は、さほどロマンチックでは

「Leadbeater's Laudanum」（レドビーターのアヘンチンキ）も成分の47パーセントがアルコール。1800年代末にアメリカで人気の製品となった。

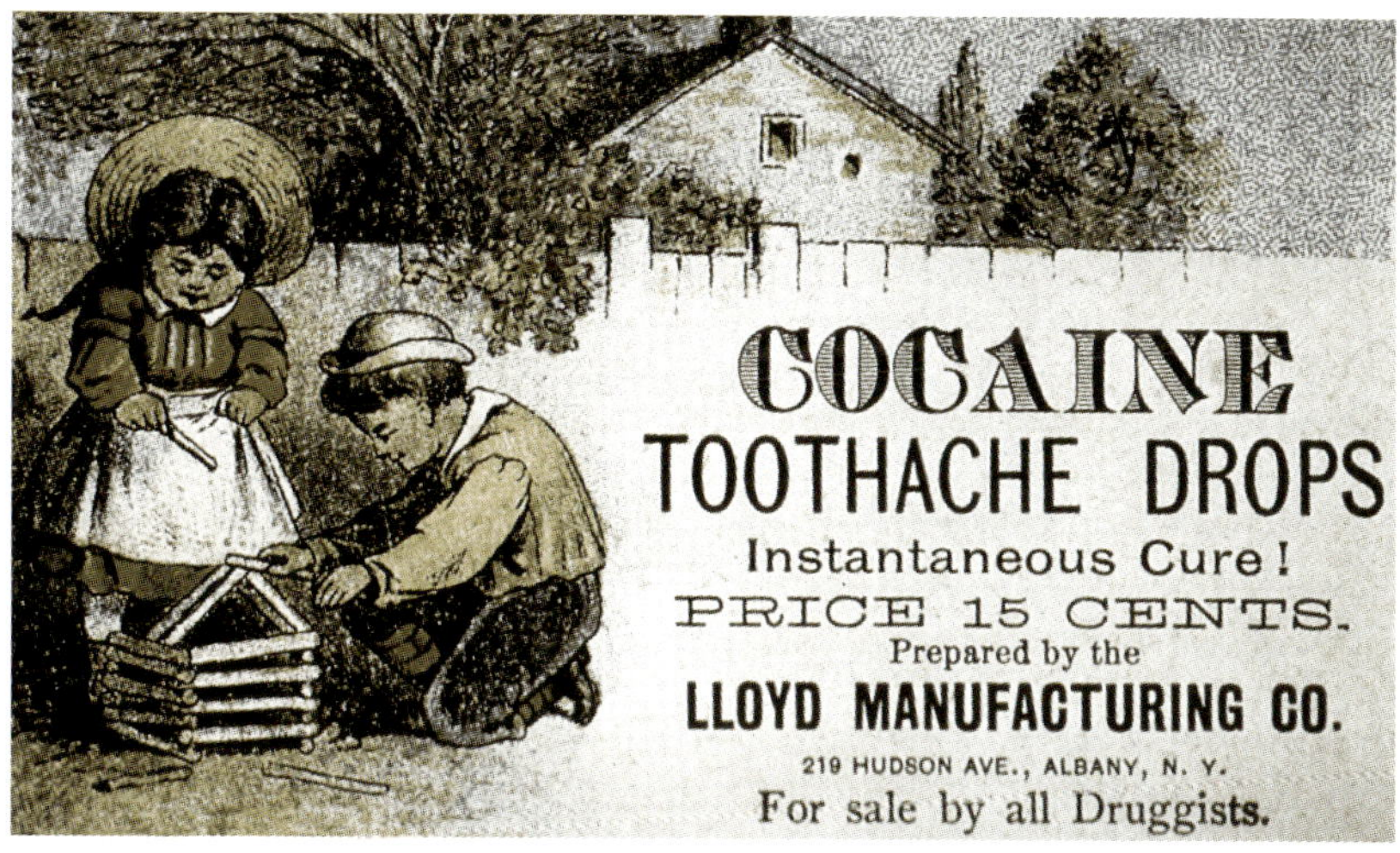

コカインは歯痛を和らげるのにも使われた。その際は丸めた綿をコカインに浸して歯を覆い包んだ。

なかった。オスカー・ワイルドはそうした悲しさを一八九一年の小説『ドリアン・グレイの肖像』(福田恆存訳、新潮社)で次のように表現している。「あそこに行けば阿片吸引所がある——忘却を買うことのできる場所、旧き罪悪感の記憶を新たな罪悪の狂気によって抹殺することのできる恐怖の魔窟があるのだ」(福田恆存訳)

コカインは薬に混ぜられていた。消化不良を緩和して妊娠時の

「Mrs. Winslow's Soothing Syrup」(ウィンズロー夫人の鎮静シロップ)には、「ベビー・キラー」の異名があった。子どもが過剰な量を与えられて、何千人も死亡していると考えられていたからだ。

嘔吐を抑制するという触れこみで販売されて、風邪や歯痛のときになめるドロップやトローチにも使用された。フランスの「ヴィン・マリアーニ」というワインはコカの葉から作られており、健康回復のために飲用されて、ヴィクトリア女王や小説家のラドヤード・キップリングなど多くの人々の支持を得ていた。家政の権威であるビートン夫人でさえ、一八六一年の著書『ミセス・ビートンの家政書(Mrs Beeton's Household Management)』の中で家庭薬として推奨した。ただし中毒にならないように、という警告も添えている。

モルヒネは多くの製品に使用された。たとえば「ウィンズロー夫人の鎮静シロップ(ミセス・ウィンズローズ・スージング・シラップ)」は、乳児の歯が生えるときのむずかりを鎮めると宣伝され、「セス・アーノルド医師の咳止め(ドクター・セス・アーノルズ・コフ・キラー)」は、咳からマラリアまで効く万能薬として売りこまれた。

不健康なファッション

ヴィクトリア時代の女性の衣服には、着用に苦痛をともなうタイプがいくつかある。この苦しみから女性がいくらか解放されたのは一九世紀末になってからだった。初期のクリノリン[ペチコートの一種]で大きく膨らませたベル型のフープスカートは、物に引っかか

サナダムシ・ダイエット

19世紀には流行のダイエットが巨大ビジネスになった。ヴィクトリア時代には、サナダムシ(条虫)のカプセルを飲めば減量できると信じる女性がいた。寄生虫が腸の中で成長して、栄養分を横取りしてくれるというわけである。望む体重になったあと虫下しを飲めば、サナダムシは死んでそのうち体外に排出される(副作用があった)。この気味の悪いダイエット方法が宣伝されたときは、サナダムシが9メートルにもなること、癲癇(てんかん)や髄膜炎のような病気になる恐れがあることは伏せられていた。

この時代にはそのほかにも、「奇跡」のヒ素錠剤の服用や毎日の酢の飲用といった、とんでもないダイエットがあった。だがお酢ダイエットを実践した詩人のバイロン卿は、そのために下痢と嘔吐に苦しんだ。

クリノリンの人気が沸騰したために、
あるロンドンのメーカーは1862年に作業員2000人を雇って、
クリノリンの金属製フレームを1日に4000個製造した。

救貧院に監禁されていた女性は狭い居住空間に押しこめられており、粗末な食事をするときでさえ窮屈な思いをしていた。

りやすく、可燃性の生地が暖炉に近づくと危険でもあった。スカートの下で、馬の尾毛が織りこまれたペチコートを六枚以上重ね着するか、竹や金属の骨組みを着けるかして釣り鐘型の形を保った。そのためかなりの重さに耐えることになった。それより苦痛だったのは、ウエストを締めるために考案されたきつい張り骨（ボーン）入りのコルセットだった。このコルセットのおかげでよく失神の発作が起こり、背骨と肋骨が変形した。それ以上に危険をもたらしたのは、エメラルドグリーンのヒ素染料の流行だった。ブリティッシュ・メディカル・ジャーナル誌によれば、ヴィクトリア時代の女性は「実際、六か所の舞踏場で出会う崇拝者全員を殺害できるほどの毒をスカートに仕込んでいた」のである。

一八七〇年にはこのファッションは廃れて、前部のラインは平らでも、後部を柔らかい素材で大きく膨らませたスタイルが流行り、一八八三年には硬い腰当てが使われるようになった。この後ろが突きでた形には、ウエストの細さを強調して胸のなだらかな曲線を延長させる意図があった。こうしたデザインが見られなくなるのは、一八九〇年代半ばにウエストが細くてフレアのロングスカートに人気が出てからである。若い女性はカジュアルなスタイルを取り入れるようになった。さらに大胆な者は、活動的な生活に合わせて膝あたりまでのブルマーを身につけた。女性は当時自転車に乗るようにもなっていた。このヴィクトリア時代末期のファッションは、女性解放に向けての大きな一歩でもあったと考えられている。

貧民の貧しい食事

ヴィクトリア時代のスラム街の住人は栄養不足で、種々の健康問題を引き起こす食物でやっと生きていた。家族は主にパンやポリッジ［オートミールなどの粥］、骨を煮たスープ、紅茶で命をつないだ。それ以外に日常的に口にできたのは、肉から滴り落ちた脂、羊の足、クズ肉、反芻（はんすう）動物の胃、ジャガイモの皮、腐った野菜などだった。そこに病気にかかった羊の肉のように廃棄すべき肉がくわわることもあった。貧困者はオーヴンをもっていなかったので、冷たいまま食べるしかない。でなければ焚き火で調理したが、そのとき使った唯一の鍋はベビー・バスに転用もしたのだろう。このように食生活が貧弱であるために、子どもは貧血やくる病にかかり発育不良になった。

監獄の作業場、あるいは牢獄にいる者の食生活はそれ以上に悪かった。筋の多い肉はときたま食事に出たが、野菜はなかった。通常の一食には、固くなったパンと、水っぽいスープもしくは薄い粥が出た。一八四二年まで、監獄の貧しい食事は適切な懲罰の一形式であると考えられていた。新入りの収監者は、攻撃性を弱めるために一定期間「科学的断食」を強いられた。またこれには、ただ監獄の飯にありつきたいために、貧しい者が罪を犯すのを防止する狙いもあった。

その対極にある快適な暮らしをしている家族の場合、食卓には肉、新鮮な野菜と牛乳が並んだ。料理に砂糖は用いられなかったし（一八七〇年代まで税金が高かった）、加工食品はなかったので、食生活は現代より健康的だった。例外はヴィクトリア女王で、女王は七つのコースを三〇分以内に平らげることができた。

ボンベイの疫病

一八九六年、腺ペストがインドの過密都市、ボンベイ（現ムンバイ）を襲った。公式な記録では、その年の一〇月から翌年の一月までのあいだに三一四八人が死亡している。多くの家族が市外に逃げて疫病を拡散させたとき、八五万人あった市の人口はほぼ半数になっていた。

腺ペストは一八九四年に香港で流行していたので、そこから飛び火した可能性が高い。英領インド政府は植民地での国家権力を行使して、大流行を阻止するために厳しい規制を導入した。強制避難、強制隔離、患者家族の強制収容、旅行の規制、病院への収容などを実施したのである。こうした措置に地

インドの女医の草分け

1883年、18歳のアーナンディバーイー・ジョシーは、インドの女性としてはじめてアメリカで医学を学ぶために母国を発った。それ以前にアメリカの長老派教会に支援を求める手紙を送っていたが、ヒンドゥー教からキリスト教に改宗するつもりがなかったために拒絶された。それでもヒンドゥー教徒コミュニティーからの後援を得られたので、手持ちの宝石類を売って学資にした。ジョシーはペンシルヴェニア女子医科大学に入学して、1886年に卒業した。残念ながら卒業前に結核にかかり、翌年インドで21歳の若さでこの世を去った。ジョシーの夢は潰えたが、多くのインド人女性が刺激を受けて医者になっている。

アーナンディバーイー・ジョシー（左）は、9歳で20歳年上の男の後妻になり、夫にアメリカで医学を学ぶことを勧められた（和服の岡見京子は、西洋医学の学位を受けた初の日本女性）。

「人類の救世主」

インドで腺ペストから何千人もの命を救った医師はロシア人で、1892年にパリのパスツール研究所ではじめて医学を大躍進させる成果をあげた。ヴァルデマール・ハフキンはコレラのワクチンを開発すると、まずは自分に打って人体実験をした。翌年にはカルカッタで4万5000人にそのワクチンの予防接種を行ない、コレラによる死亡率を70パーセント低下させた。その間イスラム過激派による暗殺未遂があったが、無事切り抜けた。

1896年にボンベイに転任したときは、腺ペストが蔓延していた。するとハフキンは3か月も経たないうちにワクチンを完成させた。コレラのワクチンと同様に最初に自分に注射したが、その濃度はのちに患者に注射したワクチンの4倍だった。イギリス当局はワクチンを歓迎したが、ハフキンがインド人と親しいので不信感をもった。ハフキンは予防接種を終えた者の隔離収容は逆効果だと中止を求めたが、聞き入れられなかった。

1915年、ハフキンはインドをあとにしてフランスに腰を落ち着けた。彼のコレラ・ワクチンは世界中で使われた。ロシアも例外でなく、1898年には何千人もの母国の人々の命を救った。だがロシアはかつて、ユダヤ人であるという理由でハフキンを冷遇していたのだ。1925年、ボンベイの疫病研究所は、ハフキンに敬意を表して彼の名を冠した名前に改称された。イギリスの高名な医師ジョゼフ・リスターは、才智あふれるハフキンを「人類の救世主」と呼んでいる。

1964年、インドはハフキンの功績を讃えて、1860年の誕生から104周年を刻む記念切手を発行した。

元民は憤慨して暴動を起こした。インド人の中には西洋薬を信用しない者もいた。医者が実験目的で患者に毒を与えて、貴重な油を遺体から回収したがっているとのウワサが流れたからだ。

腺ペストはカルカッタ(現コルカタ)やカラチ、プネーといった都市に拡散し、さらには地方にまで蔓延した。すると政府は強硬姿勢を改めインドの治療法を取り入れて、予防接種を強制するのではなく受けるよう強く呼びかけるようにした。ロシア出身の医師ヴァルデマール・ハフキン(コラム参照)が、ボンベイに駆けつけて、短期間のうちに腺ペストのワクチン開発に成功していた。地元民の多くは、その注射でインポテンツや不妊症になる、あるいは死ぬこともあると恐れた。それでもふたつの文化の医学が連携したおかげで、英領インドの公衆衛生は永続性のある再編を果たしたのだ。

中国の纏足(てんそく)

ヴィクトリア期の西洋世界の女性は、苦痛をともなうファッションに耐えていたが、中国の女性は美しさや地位、良縁のためにそれ以上の苦しみを味わっていた。小足が美しく洗練されているという考えは、イギリスの細いウエストとよく似た発想だ。女の子は早くて二歳、通常は四歳か五歳になると、足指を脱臼させられて包帯できつく縛られ、生涯その形を保つよう矯正される。親指以外の指はみな脱臼させられて足裏に折り曲げられ、足のサイズが七・五センチ以下の「金蓮(きんれん)」、もしくは一〇センチの「銀蓮」より大きくならないようにした。一〇人にひとりの少女が、痛みのショックで落命したという。低年齢の少女の足は、凍傷のような壊死(細胞の死滅)に陥ることがあった。この風習のために、一生続く拷問にも等しい痛みのほかに、かかとでの歩行に起因する腰痛や感染症にも悩まされた。

一〇世紀に始まった纏足は、以来絶えることなく存続した。一九世紀にこの矯正に耐えていた女性は、中国全土で最大で五〇パーセント、上流階級にいたってはほぼ一〇〇パーセントにおよんだ。纏足をやめさせようとする試みは何度かあった。一八七四年には、上海のイギリス人司祭と厦門(シアメン)のキリスト教徒の女性がこの習慣の廃止を訴えたが効果はなく、一九一二年に政府が禁令を出してやっと下火になった。それでも禁止が徹底されるためには、四九年革命(中国共産革命)を待たねばならなかった。

——死者の復活

ロンドンで毎日大勢の死者が出ると、あの世の者と交信できると主張する心霊術や神秘主義者が市民の心を捉えた。科学の発達とは裏腹に、ヴィクトリア時代の人々の大半が迷信深く、超自然現象や超常現象、オカルトを信じていた。一八五〇年代には、降霊会がとくにイギリス、ヨーロッパ、アメリカで人気を集めた。もっともそうした集まりでは小細工が駆使されていた。降霊会では霊媒師がトラ

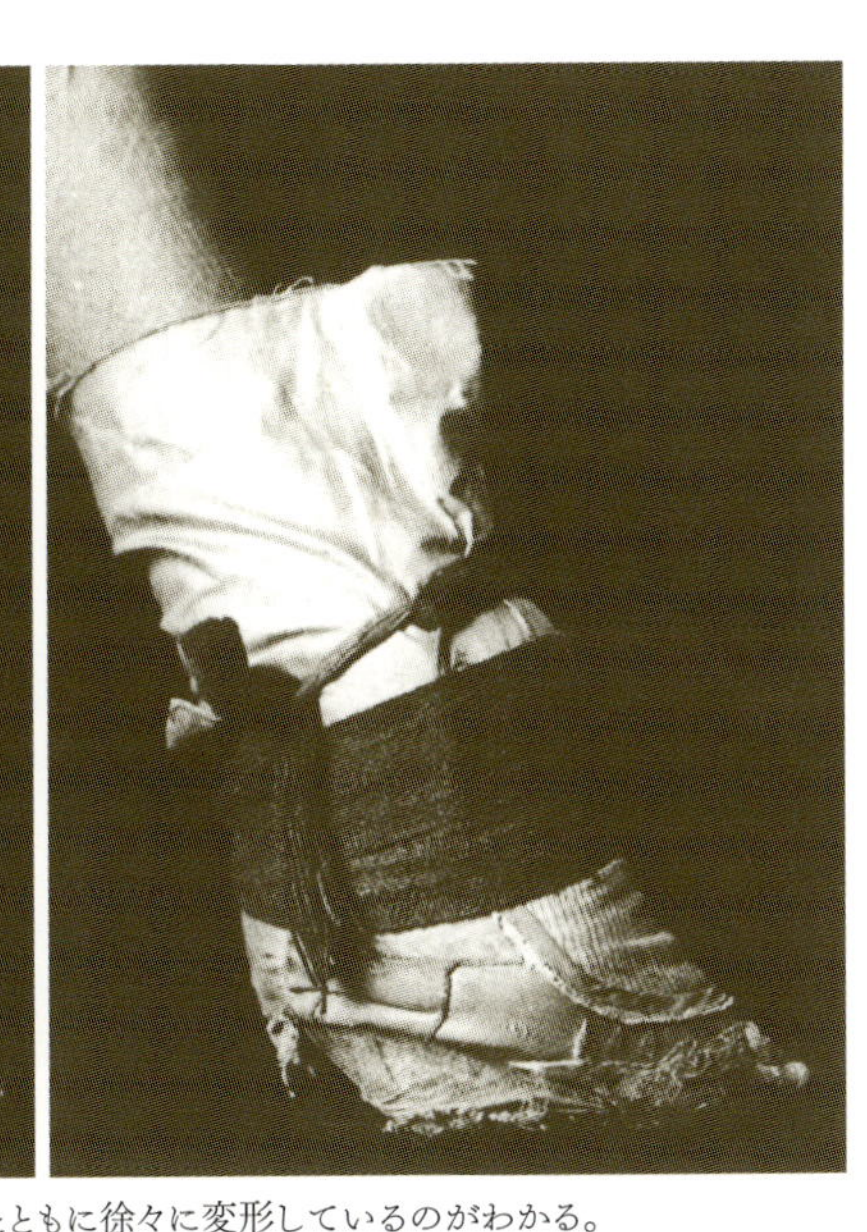

この写真から折り曲げられて縛られた足が、年月とともに徐々に変形しているのがわかる。

ンス状態に陥って、死者の答えをテーブルを叩いて伝えた。違う声音を使うこともあった。手のこんだ会合になると、カーテンの後ろから死者の手や顔、体が現れた。ヴィクトリア女王とアルバート公は、一八四六年にはじめて降霊会に参加している。霊媒を介して死者と話そうとした者にはそのほかに、エイブラハム・リンカーンの妻であるメアリー・トッド・リンカーン、ウィリアム・グラッドストン英首相、詩人のエリザベス・バレット・ブラウニング、小説家のアーサー・コナン・ドイルがいる。

女王自身も一八六一年にアルバート公が亡くなったあと、夫の霊と話ができたと確信している。一三歳の心霊主義者で霊媒のロバート・ジェームズ・リーズが、降霊会でアルバート公が自分に接触してきた、それも夫婦しか知らない女王のペットの名前を出したと聞いて、女王は驚いた。アルバート公と交信する降霊会をさらに行なうために、この少年はウィンザー城に招かれたとも伝えられている。リーズはまた、切り裂きジャックの警察の捜査に霊視能力を役立てたと主張している。

降霊会にはたいてい女の霊媒師が出席して会を取り仕切った。ヴィクトリア時代の人々は、女のほうが男より霊的な感性が強いと考えていた。

頭の中を読む

骨相学（フレノロジー）は広告の謳い文句で、「唯一真実の精神の科学」と称された。人の頭蓋骨の突起「能力や性格を表すとされる」と形を骨相学に照らして調べれば、脳の中で分かれて存在する領域がどの程度発達しているかがわかる、と多くの者が信じていた。その拠り所は、脳は異なる「器官」に分かれていて、それぞれが特定の機能を司っている、という仮定だった。このもっともらしい理論は非常に影響力が強く、就職希望者の能力と誠実さの判定を骨相学に求める雇い主がいたほどだった。教育効果の優劣や犯罪傾向の見極めにも活用された。挙げ句の果てにこのうさんくさい科学は、倫理感や人種の違いを「証明」するためにも用いられた。

ファウラー兄弟

ロレンツォとオースンのファウラー兄弟ほど、骨相学の商業化に貢献した者はいない。兄弟は1830年代に知力の向上を目的に頭蓋骨から脳機能を知るノウハウを開発して、そのための道具を売りだした。またニューヨーク市で骨相学研究所(Phrenological Institute)を発足し、ここで頭蓋骨を集めてアメリカン・フレノロジカル・ジャーナル誌を発行した。ロレンツォの妻のリディアは、アメリカで医学の学位を授与された2番目の女性だった。リディアも骨相を診断しており、チャールズ・ディケンズやエドガー・アラン・ポーの頭を診ている。1863年、ファウラー兄弟はロンドンにオフィスを開いた。偽名でやって来たマーク・トウェインが診断を仰ぐと、ロレンツォは、ひとつの陥没がユーモアの欠如を示していると告げた。

兄のオースン・ファウラー。マサチューセッツ州のアマースト大学在学中に骨相学を信じるようになった。

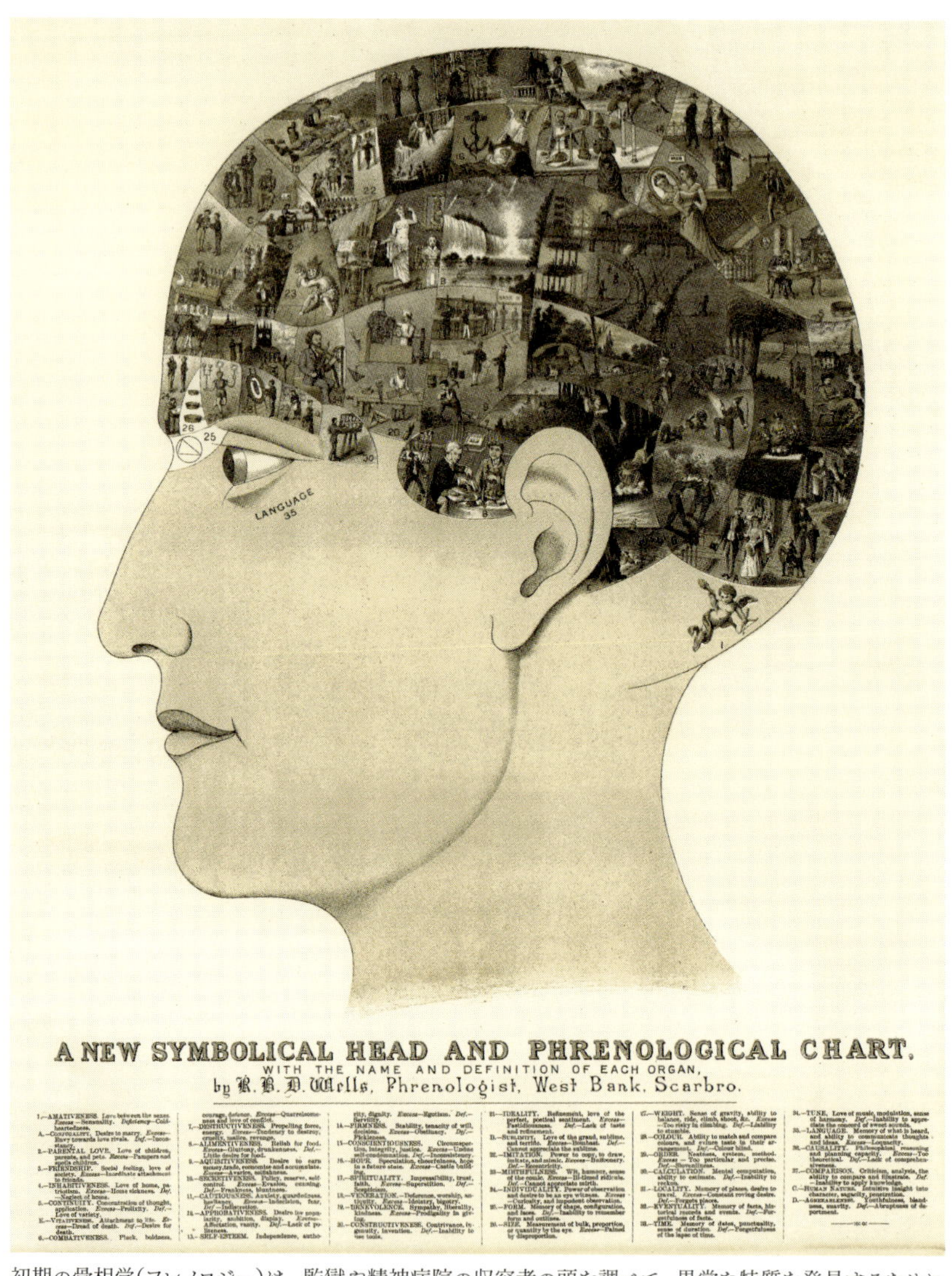

初期の骨相学（フレノロジー）は、監獄や精神病院の収容者の頭を調べて、異常な特質を発見するためにも利用されていた。

骨相学ははじめ一八二〇年代にイギリスでブームになり、その後の一〇年間はアメリカとフランスで、そして一八四〇年代はドイツで、それ以上の旋風を巻き起こした。擁護者の多くは名家の出だった。アメリカでは、脳の望ましい器官は強化できるとする口舌の徒に感化されて、信奉者が熱狂した。科学史家のジョン・ヴァン・ワイによれば、一時的にもてはやされた骨相学が、ヴィクトリア時代の終わり以降に支持を失い、時代遅れになって疑いの目で見られるようになったのは、人々が真の科学に目覚めたからだった。だが信念はなくならず、イギリス骨相学会(British Phrenological Society)は一九六七年まで存続していた。

特許医薬品

ヴィクトリア期末期のアメリカでは、処方箋不要のいい加減な薬の販売が一大ビジネスとなった。薬を宣伝する旅回りの見世物で売られたもので、主催者は「博士」、または「医師」とまで名乗る山師。目的はもっぱら病気を作りだすことで、治療ではなかった。ただ少なくとも、アメリカの片田舎まで娯楽をもたらしてはいた。典型的な見世物の場合、歌などの一般的なバラエティショーから始めて、馬車の周囲に人々

「Wright's Indian Vegetable Pills」(ライトのインディアン野菜薬)は、「体の病的状態を解消」して妊娠中のトラブルを防ぐと謳っている。

を引きつける。その後興行師が見物人の慢性的な症状、病気、あるいは患っていると信じこませた症状に効くという、奇跡の特効薬の口上を述べる。見世物に人気が出ると、会場を借りて入場料を取ることもあった。巨大な規模で大成功を収めたキカプー・インディアン・メディシン・カンパニーは、商品のオイルに「あらゆる痛みを素早く治す」という触れこみをつけていた。お楽しみショーでは、インディアンの出陣の踊りやイヌの芸、腹話術、曲芸、火食い術を披露した。一八九〇年に同社はインディアン八〇〇人を雇って、編成した一〇〇座近くを一斉に営業に出していた。

「特許」(**patent**)医薬品は、実際には特許を取得していないものがほとんどだった。イギリスで「王室御用達」(**patents** of royal favour)となったのが始まりで、植民地に輸出された。英米両国で大成功を収めたものに、「貧者の友」(プアマンズ・フレンド)がある。アメリカ人はすぐに自国で瓶詰めしたほうが安いと判断して、薬に異国風もしくは説明的な名前をつけた。たとえば「ライトのインディアン野菜薬」(ライツ・インディアン・ベジタブル・ピル)は、体の「すべての閉塞を解消する」ことと、「全身の組織に元気と活力を与える」ことを約束した。なかには合法で長く使われつづけている特許医薬品もある。「リチャードソンの咽頭炎・肺炎治療軟膏」(リチャードソンズ・クループ・アンド・ニュモニア・キュア・サルヴァ)は、現在「ヴィックスヴェポラップ」として売られている。

精神病

ヴィクトリア時代には、精神病は躁病、偏執狂、痴呆、鬱病、白痴、痴愚に分類されていた。主な原因と考えられたのは遺伝と環境、道徳心の低さである。とくに懸念されたのは、まっとうな家庭生活のある地方から、にわかに過密化した都市に魅力を感じて押し寄せた労働者だった。アルコール、麻薬、性的な乱交といった誘惑の先には堕落が待ち受けており、そのどれもが道徳心の低い者を収容する精神病院に通じていた。一九世紀には精神病患者が一万人前後から一〇万人ほどまで増加したために、多くの精神病院が建設された。こうした病院は基本的な治療をほどこすほかに、問題行動を起こす者を人目から隠す方便となった。その多くを占めた「狂女」はヒステリー症を患っており、医者はこの症状を性的な問題に関連づけた。妻の不貞が「背徳狂」と分類されることもあった。

医者ふたりを説得して精神異常証明書を発行させれば、誰でも精神病院に幽閉できた。病院は監獄のように運営されており、患者は実際囚人と呼ばれた。精神的な病人以外にも、変わり者や家族にとっての単なる厄介者も少なからず収容された。患者は治療可と治療不可に分けられた。後者の患者は、ベッドと食べ物を与えられるだけでめったに治療をほどこさない。恐怖にとらわれた患者は、ほぼ一日中椅子やベッドに縛りつけられることもあった。サセックス精神病院(Sussex Lunatic Asylum)では、収容者が金網の巨大な「鳥カゴ」に閉じこめられた。どこの精神病院も手のつけられない患者には、殴打、食事抜き、拘束服の使用、隔離、ブロム剤のような鎮静剤の投与といった措置をした。

一八七〇年にロンドン精神病院(London Asylum for the Insane)ができたとき、強調されたのは患者の社会復帰を目的とする道徳療法だった。治療プログラムは、ヴィクトリア時代の仕事や運動、余暇、健康的な食生活についての価

ヴィクトリア時代には多くの人々が、精神病と間違われて精神病院に収容された。だが精神病院の環境はひどく、たいてい病室にひとりで監禁されていたので、本当に気が触れてしまうこともあった。

値観にもとづいていた。症状の軽い患者は庭いじりを楽しめた。こうした治療の効果は、収容人数の超過と、病院長の言葉によれば監獄査察官による「耐えがたいほど軍隊的な」管理によって妨げられた。一八八六年には国会が白痴法を制定して、知的障害者と本来の精神病を患っている者との分離を可能にした。それを受けて「白痴および痴愚の介護、教育、訓練」のための施設が建設された。

ベドラム病院

王立ベツレヘム病院、通称名「ベドラム」は、重度の精神病患者への非人道的治療で悪名を馳せた。同病院は一三三〇年にロンドンのビショップスゲート区に一般病院として開業、一四〇三年に「精神異常者」を受け入れはじめて、イギリス初の精神病院となった。ベドラムは入場料を取って院内を一般公開し、

19世紀末になるとベドラム病院の環境は改善されて、屋内外の活動のために以前より広い空間が割り当てられた。

ベドラムの精神病医

アレグザンダー・モリソンは、ヴィクトリア時代に「エイリアニスト」と呼ばれた精神科医だった。エディンバラ生まれのモリソンは精神医学の草分けとなり、このテーマについてはじめて正式な講義を行なっている。サリーの精神病院の査察官を経て、1835年にベツレヘム病院の勤務医となった。その3年後にはナイト爵に叙せられている。スコットランド国立美術館にあるモリソンの印象的な肖像画は、ベドラムの患者だったリチャード・ダッドの筆によるものである。ダッドは父親を悪魔と思いこみ殺害して、監禁されていた。

精神異常者と異様な行動を見物させて笑いものにしていた。一六七五年、市内のムーアフィールズと呼ばれる地域に移転、一七七〇年に一般公開を打ち切った。一八一五年にはふたたび市内サザクのセントジョージズ・フィールズに移った。ここの病院は治療と称して残酷な仕打ちをしていた。殴打、食事抜き、拘束衣の使用、壁に固定した鎖による拘束にくわえて、すわらせた椅子を宙吊りにして何時間も回転させる「回転療法」もしていたのだ。

ヴィクトリア時代の多くの人々はまだ、精神病を患っている者を人間の奇形（フリーク）と見ていた。それでも政府は一九世紀に入って間もなく、ベドラムの人を人とも思わない治療をやめさせている。著述家のジョン・ティムズは一八六七年にそれを論評して、「精神病院の管理はこれで完璧になった」と書いている。それでも隔離収容された女性の中には、産後鬱病の者や夫にとって邪魔になった者までいた。精神異常の犯罪者には、ヴィクトリア女王の暗殺未遂犯のエドワード・オクスフォード（第一章を参照）や、ジョージ三世に発砲して「弾はそれた」三九年間監禁されたジェームズ・ハドフィールドがいる。ベドラムの収容者は「囚人」名簿に記載されたが、一八九〇年の新法で「患者」待遇に変更された。

女性とヒステリー

ヒステリーは女性特有とされた最初の精神疾患だった。ヴィクトリア時代には、この神経症はか弱い女性の感情に関連があるとされており、女性は興奮のあまり目まいや失神の発作に襲われたときにそなえて、外出時にはたいてい気つけ薬の瓶をもち歩いていた。それ以外に奇矯なふるまいで女性特有の精神異常の症状とされたものに、感情の爆発、短気、不安、神経過敏、性的妄想がある。ヴィクトリア時代の淑女はセックスを楽しんではならないことになっていたので、性的欲求不満に陥っていた。医者はそうしたヒステリーの治療に、「骨盤(ペルヴィック)マッサージ」まで行なった(「ペルヴィック」の語源はギリシア語で子宮を表す)。一八八〇年代末にはイギリスの医師ジョゼフ・モーティマー・グランヴィルが、この種の精神疾患に効果のある、電気機械式ヴァイブレーターの特許を取っている。

あまりにもひどいふしだらな行為、恥ずべき行為は、精神異常として申し立てるのが可能で、多くの場合そうした者は精神病院行きになった。この時代には、女性の感情は女性生殖器と関連があると考えられていたので、女王の治世を通して、精神病院の医者は日常的に子宮摘出をしていた。

フロイトとヒステリー

オーストリアの神経学者ジークムント・フロイトは、二〇世紀を代表する精神分析学者となったが、はじめに名を成したのは一八九〇年代のヒステリーの治療だった。同じくウィーンの医師だったヨーゼフ・ブロイアーはそれより先に、催眠術をかけた女性患者に過去の不快な体験を思いださせて、ヒステリー治療の効果をあげていた。ブロイアーはこの事実をフロイトに知らせて患者をまわした。一八九五年、ふたりは共著で『ヒステリー研究』(金関猛訳、筑摩書房）を出版。その後心理療法の手法について意見が分かれて、協力関係を解消した。フロイトは、催眠状態でなくとも自発的に話す患者が多いと考えて、一八九六年に「Psychoanalyse」（精神分析）という造語を考案した。

フロイトは女性のヒステリー患者を自分の診療所で治療するうちに、患者の無意識の思考と神経症の症状の根は、抑圧された性衝動もしくは体験にあると確信するようになった。一八九七年には、患者の記憶は現実に起こった事実ではなく、子ども時代にいだいた幻想が大人によって否定され抑圧されたものであると結論づけた。その二年後には『夢判断』（高橋義孝訳、新潮社）を著して、夢はイメージすることで真の願望を達成するはけ口になっているという考えを示した。

医者の大半は、ヒステリーは懐妊せず母になれないために起こると考えていた。フロイトは発想を転換させて、ヒステリーが特有の神経症的症状の原因になっていると主張した。さらに自分の「ちょっとしたヒステリー」症状が仕事のために悪化したことを認めて、女性のみの症状ではないと断じた。

SIGMUND FREUD IN 1891

JOSEF BREUER
and
SIGMUND FREUD

STUDIES
ON
HYSTERIA

Translated from the German and edited by
JAMES STRACHEY
In collaboration with
ANNA FREUD
Assisted by
ALIX STRACHEY *and* ALAN TYSON

BASIC BOOKS, INC., PUBLISHERS
59 FOURTH AVENUE, NEW YORK 3, N. Y.

フロイトは共著『ヒステリー研究』の中で、ケーススタディ5例のうち4例を書いている。この本は賛否両論を巻き起こした。

引きこもりの女王

ヴィクトリア女王の世界は、夫君のアルバート公が四二歳で崩御したときに終わったかのようだった。女王が長男バーティ(後のエドワード七世)を責めたのには、次のような事情があった。軍の訓練中に宿舎で娼婦と恥ずべき行為をしたのに女王夫妻はショックを受け、アルバート公が長男を訪ねて雨の中を歩きながら長時間話しこんだ。戻ってきた殿下は病魔に冒されて、三週間後にチフスで死んだ。罪深い息子の姿を目にした女王は不快感をあらわにして、「あの子を見たらぞっとせずにはいられないし、これからもそうでしょう」と述べた。

同い年の四二歳だった女王は、悲しみに暮れるあまり夫の葬儀に出席しなかった。女王は亡くなるまでの四〇年間を黒い喪服で過ごした(慣例では一年間)。臣民の前に姿を現すのも三年間控えて、「ウィンザーの未亡人」と呼ばれた。ベンジャミン・ディズレーリ首相がおもねると、しぶしぶ特別行事に出席するようになった。その頂点を極めたのが一八九七年の女王即位六〇周年記念式典である。それ以外の時間女王は、従僕のジョン・ブラウンと親密な関係を保ちつつ隠遁生活

アルバート公の死後にヴィクトリア女王が悲嘆に暮れると、臣民が沈滞ムードに陥り、国会も危機的状況になりかけた。

在位60周年記念式典では10キロ近い行列が続いた。女王は関節炎の痛みを理由に、君主の公式馬車の中にとどまっていた。

を送っていた（第一章を参照）。夫の亡くなった部屋は何ひとつ変えなかった。夫がベッドで最後に口をつけたグラスもそのままにして、毎日メイドに夫の服を用意させ花を活け替えさせた。アルバート公のほかの部屋も、神聖な場所として保存させた。

　国会議員などその姿を見かけた者は、女王の頭がおかしくなったのではないかと疑った。アルバート公は亡くなる前に、女王の侍医ロバート・ファーガソンに相談している。「貴公が精神疾患に深く関心を寄せていると、女王が耳にしたそうだ。実は女王は自分が正気を失うのではないかと心配している。幻想や幻聴もあるし、自分が死ぬときはどうなるのかとやたらと気に病んでいる。芋虫に食べられるのを想像して、泣きだして沈みこんだりもしているのだ」それでもファーガソンは、そうした症状を「消化器官の不調」と診断した。

女王のふさぎこむ性格と重度の抑鬱状態は、アルバート公の崩御から一五か月後に書かれた次の手紙に表れている。書簡箋は黒枠つきだった。「ただ願うのは老人になるまで生き永らえるのではなく、多くの年月が過ぎ去る前に最愛にして忠実な夫と再会させてもらえることです」女王の晩年の日記に目を通した精神科医は、女王が鬱病だったと考えている。

鬱病の治療

ヴィクトリア時代には、鬱病は通例「憂鬱（メランコリー）」と呼ばれた。医者がこの言葉を使用した患者は、人嫌いの悲観的な性格で、たいてい落ちこみの引き金になったひとつの物事をくよくよ考えていた（たとえば女王の夫の死後の嘆き）。こうした疾患に適した薬はなかったので、医者は鬱病に休養や健康的な食生活、野外での運動を処方した。さらに踏みこんだ治療では、モルヒネやアルコールも取り入れた。ある医者などは、起床時にラム酒またはシェリー酒を飲み、朝食にポートワイン、昼食にシェリー酒を二杯、夕食に強いワインかポートワイン、就寝時に強いワインもしくはエール［ビールの一種］をモルヒネとともに服用するのがよい、としていた。

一八七〇年には、医療専門家は甲状腺障害と鬱病の関連性をつかんでいた。動物の甲状腺抽出物の注射が導入されて、ある程度の成功を収めた。

当時重度の鬱病を患っている者は、自殺の恐れがあると考えられていた。哀れな患者は精神病院に収容された。そうなると、孤独感が強まりそれが原因にもなって、精神異常と診断される可能性があった。一九世紀の後半には医者が電気療法を取り入れた。サセックス精神病院では一八七三年に、自殺願望のある女性ひとりに二六回の電気療法を施した。その後は見違えるほど快活になり、理性的な会話をして器用に針仕事をするようになったと報告されている。この患者は治ったと判断されて退院を認められた。

ヴィクトリア時代の若夫婦。
いかにも堅苦しい家族写真らしく、
正装してしゃちこばっている。
夫の右手は義手になっている。

第三章

人々

The People

ヴィクトリア時代を生きたのはどのような人々で、どのような人物がいたのだろうか。おそらくその性格は、社会の習慣と価値観によって形成されたのだろう。だがそれなら、一九世紀が進むにつれて人々はどのような反応を示したのか。この時代の人々は、決しておとなしく時代に流されたのではなかった。

ヴィクトリア時代で真っ先に思い浮かぶのは、まずまずの生活を送る家族の姿だ。その土台にあるのは勤勉、強い宗教的信念、社会と国家のために成し遂げた業績へのプライドである。圧倒的多数の貧民を考慮したとき、この絵図はにわかにぼやけてしまう。

ヴィクトリア時代の現実は、道徳を重んじる社会に道徳をものともしない者が数多くいる、というのが標準だった。夫は妻を殴り、男も女も不倫を犯し、それを配偶者が容認する例もあった。貴族は無力な召し使いをたらしこんだ。作家のオスカー・ワイルドに限らず、多くの者が同性愛を禁ずる法に背いた。

と同時に、良心を残したヴィクトリア時代の社会は、罪を犯した者と戦いつづけた。ウィリアム・グラッドストンは首相になる前も在任中も、ロンドンの暗い街路を歩いてまでして娼婦の姿を探した。そして娼婦の部屋に入ると罪深い生活から抜けだすよう説得した。相手の魅力に屈することはなかったようである。

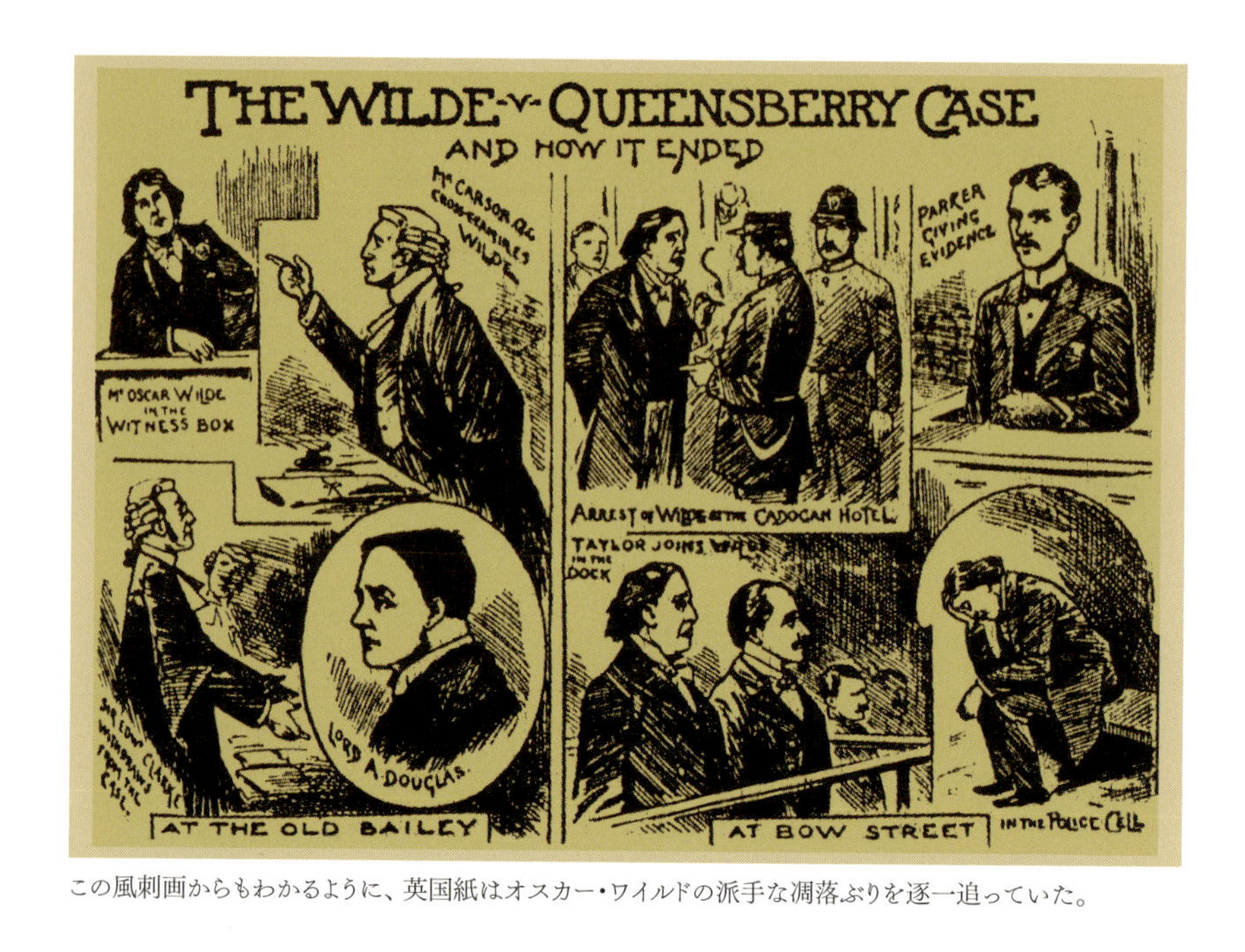

この風刺画からもわかるように、英国紙はオスカー・ワイルドの派手な凋落ぶりを逐一追っていた。

ヴィクトリア時代のセックス

ヴィクトリア時代の中産階級の家族の主婦は、家庭の女神として位置づけられていた。夫に対して従順で、主婦の守る家は外の生活のゴタゴタから戻ってくる夫にとって避難所となった。子どものいない妻は欠陥があると考えられた。セックスは子を産むためのもので、楽しみではない。婦人科医のウィリアム・アクトンは、一八五七年に次のように書いている。「女性の大多数は(女性にとっては幸いなことに)、いかなる種類の性感にもほとんど煩わされていない」

だが一九世紀末には、ジークムント・フロイトらが、抑圧され欲求不満をいだいている女性が多いことを証明することになる。夫のほうは総じて建前と本音があることを受け入れていたが、それでも不倫や抑圧された同性愛的傾向など、セックスに関する背徳に呵責を覚えていた。現に恐れるべきものもあった。梅毒に代表される性病にかかる現実的なリスクはあった。また世間でいわれているように自慰、つまりマスターベーションで気が触れるどころか命を失うのではないか、と非現実的な心配もしていた。

性行為についての迷信は山ほどあった。指南書や入門書の警告によれば、立位のセックスをすると癌になり、階段で授かった子どもは背中が曲がって生まれてくる。セックスの最中に男が気もそぞろだと「できそこないの子」ができる。不誠実な夫からは、「ひ弱で貧相」な哀れな子どもが生まれ、真実の愛なしに身ごもられた子どもは、やがて「醜くて人から嫌がられる性格で、腑抜けになる」。

指南書の警告によれば、
立位のセックスをすると癌になり、
階段で授かった子どもは
背中が曲がって生まれてくる。

あらゆる階層にセックスについての誤った情報があった。それでも現実にはセックスをともに楽しんでいたカップルは多かったし、女性は社会が望むほど奥手でも冷感症でもなかった。気難しいヴィクトリア女王自身もセックスを好んでいたという。初夜について女王は日記に次のように記している。「それは満ち足りた不思議な経験でした。あのような夜を過ごしたことはいまだかつてありません。殿下のあり余る愛情を受けて、至福の愛と幸せを感じました。殿下の腕に抱きしめられて、何度も何度もキスを交わしました」

性科学の出現

ドイツの貴族リヒャルト・フォン・クラフト＝エビング（一八四〇～一九〇二年）は、性科学の先駆者である。女性の性的快感、同性愛、小児性愛、近親相姦、屍姦の研究でヴィクトリア時代の人々に衝撃を与え、異常な性嗜好に名称を与え分類することによって、セックスの研究方法を明確に示した。ドイツ語を原語とするフェティッシュ（性的倒錯）、サディズム、マゾヒズム、同性愛などの用語も創案している。一般読者の興味をそぐために、二〇〇例のケーススタディの記録はラテン語で書かれ、一八八六年に革新的な著書『變態性慾ノ心理』（柳下毅一郎訳、原書房）として出版された。一二版まで数えた同書に、ジークムント・フロイト、カール・ユングなどの

リヒャルト・フォン・クラフト＝エビングは、あえてヴィクトリア時代の秘められた性欲について論述して、ジークムント・フロイトの研究に影響を与えた。

日本の春画

19世紀の日本人は、ヴィクトリア期のキリスト教の取り澄ました理想とは無縁で、セックスの快楽を受け入れていた。それがよく表れているのが春画である。春画には同性愛の交わりも含めて、ありのままのセックスが恥じることなく描かれている。この中では女も男と同様にセックスを楽しんでいる。春画の絵は初夜を迎える花嫁に贈られた。1853年に日本にやって来たアメリカ人、マシュー・ペリー提督がこの絵を贈呈されたときは、部下の大尉が「この閉鎖的な国民の猥雑さの証明」だと記録している。ヴィクトリア期末期になると、春画はヨーロッパ人にもてはやされるようになった。ジョン・シンガー・サージェント、ロダン、トゥルーズ＝ロートレックといった芸術家も称賛した。

春画はふつう版画として製作された。日本では多くの有名絵師が、評判を傷つけることなくエロチックな作品を手がけている。

19世紀中に離婚する女性にも権利が認められるようになったが、法廷の偏見は変わらず、夫に有利な判決が出た。

心理学者も影響を受けている。クラフト＝エビングは、催眠術、癲癇、梅毒の研究にも取り組んだ。

クラフト＝エビングはハイデルベルク大学在学中に、精神異常の患者と犯罪者の倒錯した性衝動に興味を覚えるようになった。その後はあちこちの大学で精神医学を教え、精神病院で勤務した。クラフト＝エビングは、セックスほど「社会的実存で重要な要素はない」と信じていた。倒錯した性を研究していたが、ヴィクトリア時代のロマンチックな理想をいだいていて、「キリスト教は交合を崇高な高みまで引き上げて、女と男を社会的に平等にした。また愛の絆を高潔なものにすることによって、交合を道徳的で宗教的なしきたりとした」と述べている。そして男女は対等ではあるが、女性は「心身ともに正常で然るべき教育を受けていれば」性欲をほとんど感じないと記している。

離婚と不倫

ヴィクトリア時代の初期は、既婚女性の権利はないに等しかった。財産は子どもも自分自身も含めて、夫のものになった。夫が妻を殴打したり自宅監禁をすることが可能だったのは、当局が夫婦関係に干渉したがらないのを知っていたからである。事情はどうあれ、妻が家出をしたら家から締めだされても仕方がなかった。

イギリスで一八五七年に成立した「婚姻事件法」、通称「離婚法」は、離婚を正式に合法化した。この法律ができるまで、離婚の手順には時間と費用がかかった。英国国教会の承認を得てから、議会制定の個別法を適用してもらうために、協議離婚であっても一〇〇〇ポンド程度の費用を支払わなくてはならない。ヨーロッパの

イザベラ・ロビンソン

この時代に世間を沸かせた離婚裁判の代表例に、技師のヘンリー・ロビンソンが、妻のイザベラとの離婚を請求した裁判がある。ヘンリーは妻の具合が悪いときに、彼女の日記を読んだ。するとそこに、自分より年下のエドワード・レーン博士との情事がこと細かに記されていた。ヘンリーはそれを目にしたときの「恐怖と驚愕」について語っている。ある日の日記には、美辞麗句が散りばめられていた。「ついには静かな喜びに包まれて、何度も夢見たあの人の腕の中で身をまかせたの。そして巻き毛とすべすべした顔へキスをした。まばゆいほど美しいものだから、はじめて出会ったときから心の目も体の目も幻惑されっぱなし」

ヘンリーは公然と不倫をしてふたりの婚外子をもうけているのにもかかわらず、妻を追いだして夫婦の子どもの養育権を奪ったあげく、12年間の結婚生活を終わらせるべく訴訟を起こした。1865年の裁判では、堕落させる恐れがあるとして女性の傍聴が禁じられた。イザベラは主張した。日記の記述は作り話で、「子宮の病気」が原因で「性的な幻覚を見て苦しんで」いたために書いたのですと。陪審は、「ある種の錯乱」状態に陥ったという抗弁に同情して離婚を認めなかった。その結果、27歳のレーンの評判と結婚生活、療法士としての仕事も救われた。彼は何も悪いことをしていないと訴えていたのだ。

偽装不倫

イギリスの厳格な離婚法は、結婚が破綻していると互いに認めている夫婦にとって悩みの種だった。離婚理由として認められたのは不倫だけだった。もしこの罪を犯していない場合は、夫婦が協力して不倫の事実をでっちあげることがあった。片方、といっても通常は夫のほうが、ふたりの自由のために名誉を犠牲にした。不倫を演出するにあたり、「情婦」を演じる女が雇われて、半裸の状態で夫とともにベッドで待機する。そこに妻が偽の探偵とカメラマンとともに乱入するのだ。体面を保つために夫は着衣のシルクハット姿だったりした。当局が仕組まれた不倫と確信したとしても、裁判官に根拠を提供する証人はいない。やがてこのような訴訟は、「偽装の共謀」として却下されるようになった。

新教徒国で国民の離婚を認めていないのはイギリスだけだった。それを打開したのが離婚・婚姻事件裁判所の設立である。この裁判所はその直後から中産階級の訴訟で混み合った。

唯一離婚の理由でありつづけたのは不倫だった。新しい法令は不義を犯した妻を夫が離縁するのを認めたが、女が離婚できたのは不倫に「命の危険性のある虐待」、重婚、近親相姦、強姦、男色、獣姦、二年以上の遺棄のいずれかが付随している場合のみだった。だが女性のメリットは確かにあった。今度は不倫とともに虐待と遺棄を申し立てられるようになったからだ。この法令はまた、離婚や別居をした妻、夫に見捨てられた妻の財産権も守った。こうした裁判の様子が報道されはじめたとき、ヴィクトリア女王はスキャンダラスな話を公開すべきではない、と釘を刺した。「注意深い両親はフランスの小説から子どもを守ろうとします。そうした小説も、イギリスの教養ある家庭で毎日朝食のテーブルに供される話題ほどひどくはありません」というのがその理由である。

――キャサリン・「スキトルズ」・ウォルターズ

世を騒がせた最後の高級娼婦として知られるキャサリン・ウォル

ターズ(一八三九〜一九二〇年)はリヴァプール生まれ。ロンドンに出てスキトル(ボウリング)場で働いていたので、「スキトルズ」という呼び名がついた。美貌で思慮深いウォルターズに、運命はそれ以上のステージを用意した。まずは乗馬の名手として崇拝者を魅了した。優美なシルクハットをかぶり顔をベールで覆って、ハイドパークの乗馬道ロトンロウを闊歩すると、群衆が詰めかけて見とれた。そうした姿を披露するうちに、スキトルズはファッション・リーダーとなっていた。

同時代の女性はショックを受けて羨んだ。キャサリンの数々の愛人やパトロンの中には、貴族、政治家、知識人、王族がいた。皇太子(のちのエドワード七世)とナポレオン三世も交じっていた。アメリカの南北戦争中に二度渡米したときも、一緒にいた愛人は貴族のオーブリー・ドヴィア・ボークラークとハーティントン公爵スペンサー・キャヴェンディッシュと、それぞれ違っていた。「派手好きハーティ(ハーティ・ターティ)」とも揶揄(やゆ)されたボークラークは、のちにデヴォンシャー公爵となった。詩人のウィルフレッド・スコーイン・ブラントなどはすっかり魂を抜かれてしまい、何年ものあいだキャサリンについての詩を書きつづけた。とはいってもふたりが一緒に過ごしたのはほんの

皇太子はキャサリン・ウォルターズに300通あまりの手紙を送っている。返してほしいといわれると、ウォルターズは快諾した。

数時間だけだったのだが。

キャサリンは富を蓄積して、メイフェアで豪勢に暮らしながらイギリス国内の別の土地やフランスにも家を所有した。一八九〇年頃に現役を引退して、一九二〇年に八一年の生涯を閉じた。

売春

ヴィクトリア時代には、「売春（prostitution）」という言葉は現在より広い意味をもっていた。街娼のほかにセックスを楽しむ尻軽な女、私生児の母、未婚で男と同棲する女にまで適用されたのだ。とくに強く懸念されたのが「大きな社会悪」、つまり街頭でスカートをたくし上げて誘惑し商売に励む女の集団だった。ロンドンで推定される街娼の数には大きな幅があった。警察の一八六八年の記録では六五一五人となっているが、ほかの非公式な数字は八万人から二一万九〇〇〇人を見積もっている。売春宿に属する者も住居近くで営業する者もいたが、人気があったのは造船所付近やウォータールー駅の近くの街路といった評判の悪い地域だった。こうした場所

THE DAYS' DOINGS.
An Illustrated Journal of Romantic Events, Reports, Sporting & Theatrical News at Home & Abroad.
Vol. II.—No. 48. PUBLISHED AT No. 300, STRAND, LONDON, W.C.—SATURDAY, JUNE 24, 1871. PRICE THREEPENCE.

夫と街娼が顔見知りなのが妻にバレるという気まずい場面。ただしロンドンでは珍しいことではなかった。

で、娼婦はほぼ全裸に近い姿で窓のそばに現れる。こうして女が自由に手に入るようになったために、堅気の女性も運が悪いとひどい目に遭った。とくに目立つ服を着ていると、人前で嫌がらせを受けたり図々しく声をかけられたりした。

児童買春が街頭で見られるのも珍しくなかった。一八四八年に病院で性病の治療を受けた一一〜一六歳の少女は、二七〇〇人近くいた。その感染源のほとんどが売春だった。一八七五年に、結婚と性交の法的な承諾年齢が一二歳から一三歳に引き上げられたのは、もっぱらそのためである。その効果はなく、一八八一年の議会委員会は児童買春には打つ手がないと報告している。四年後には、結婚・性交の法的承諾年齢があらたに一六歳に定められた。

一九世紀の半ばには性病が蔓延したために、議会は一八六四年、一八六六年、一八六九年に三種類の感染症予防法を可決した。目的は軍人を守ることにあった。一八六九年の法律では娼婦の定期検診を義

ジョセフィン・バトラー

情熱の女性解放論者ジョセフィン・バトラー(1828〜1906年)は、ノーサンバーランドの貴族で、娼婦のどん底の境遇に絶望していた。バトラーは危険を顧みずにリヴァプールの波止場や街路に足しげく通って、売春を強要された少女を見つけだした。そうした中で大きな成果を出したのが、感染症予防法の廃止運動である。とくに怒りを向けたのは、性病の感染を確認するためにまだ13歳の少女にも実施された内診だった。その主張に誰もが賛同したわけではない。低年齢の少女への「恐ろしくて高慢な医者」による「スチールを使ったレイプ」「器具を用いたレイプ」を非難する演説をした際には、群衆からたびたび腐った果物を投げつけられた。それでも1886年には、下院の傍聴席でバトラーが見守るなか、同法は廃止された。

ジョセフィン・バトラーは、女性と少女の娼婦貿易の撲滅運動を展開して、その1例であるベルギーからイギリスへの国際ルートを摘発した。

務づけたほか、必要に応じて一年間の強制入院を可能にした。娼婦はまた、軍の基地と港町から二四キロ以内の客引きを禁じられた。意外なことに、こうした法律への反対運動をする側に女性グループがいた。この法律が公娼制度を承認して、貧しさのために街角に立たざるをえない女性の人権を侵害していると感じたのである。

イタリア初の売春法

イタリアでは工業化が拡大するにつれて、地方の女性が大挙して都会に出てきたが、貧しさゆえに体を売る者も少なくなかった。良家に生まれた者は、街娼は相手を選ばない異常性欲者で、怠惰な貧者の一部であるとみなしていた。数が膨れ上がるにつれて大きな不安を呼び起こしたのは、犯罪者とつるんでいたからである。それでも政府は、売春は社会の必要悪だと考え

1876年、イタリアの犯罪学者チェザーレ・ロンブローゾはイタリアの娼婦は投獄を避けるために女の悪知恵を使うような犯罪者タイプである、と書いている。

た。一八六一年のイタリア王国統一後にいち早く制定された法律に、売春規制法(Regolamentazione)がある。同年のうちに成立して、売春を合法化し管理しようとした。道徳警察のような組織が結成されて、娼婦を調査して登録し、検診と治療を行なった。イタリア王国初代首相のカミッロ・ベンソ・ディ・カヴールにちなんでカヴール規制法とも呼ばれる。フランスとベルギーの同種の法律をモデルとしていた。

さまざまな規制の中

ルル・ホワイト

ルル・ホワイトは1868年の米アラバマ州生まれ。1880年代にはポルノ写真のモデルをしていた。1894年に、ニューオーリンズ市で高級娼館マホガニー・ホールを開く。この娼館があったストーリーヴィルは、市の条例によって売春地区に指定されていた。ホワイトの大理石の四階建て娼館は、ニューオーリンズ一の優雅さを誇った。呼び物は壁と天井を鏡張りにした「粋な作り」の5つのラウンジと、15部屋の寝室。娼婦は全員エキゾチックな「オクトルーン」(黒人の血が8分の1入っている白人との混血児)であると宣伝された。白人に限定された客の中には、ルイジアナの超有名人や大金持ちがいた。ジャズ・ピアノの演奏に合わせて娼婦が「ヌード・ダンス」を披露し、そのかたわらで客がシャンパンをすする。ルルはこの市で女将としての栄華を極めて、自分の宝石のコレクションは南部最大であると豪語し、みずから「ダイヤモンド・クイーン」を名乗った。ホワイトの娼館は、ジャズ・ソングの「マホガニー・ホール・ストンプ」となって人々の記憶に刻まれた。この曲はルイ・アームストロングなどによってレコーディングされている。

それ以降のルル・ホワイトの人生は、さほど楽しいものではなかった。1918年に軍事基地に近すぎる場所で娼館を開いたために1年の懲役を食らった。が、健康を害したためにウッドロー・ウィルソン大統領の恩赦を受けて、入所3か月後に釈放された。体調が回復したあとはニューオーリンズでもう1軒娼館を経営して、1931年に亡くなった。

宣伝用パンフレットで、「セントルイス万国博覧会のライト」のよう、と宝石を自慢するルル・ホワイト。

に、警察による売春宿の抜き打ち立ち入り検査があった。売春宿は、飲食物だけでなくゲームや音楽、ダンス、パーティーなどの娯楽の提供を禁じられていた。売春宿の窓には鎧戸を閉める決まりになっていたので、俗に「閉ざされた家」と呼ばれた。娼婦の権利も認められた。女将が酷使することは許されず、「個人娼婦」は自宅で合法的に営業できた。またとくに性病を予防・治療するために、病院での診療が行なわれた。

マグダレン保護施設

アイルランドのマグダレン保護施設は、マグダレン洗濯所とも呼ばれる。「堕落した」女の救貧院で、もともとは一七六五年に娼婦の矯正施設として設立された。運営していたのはローマ・カトリック教会の尼僧である。一九九六年に最後の施設が閉鎖されるまで、三万人ほどの女性や少女が家族や聖職者、国によって送られてきていた。部外者から「マギー」と呼ばれた収容者の大半は、本人の意志に反して拘束されて、死ぬまで施設を出られなかった。マギーは奴隷も同然に働かされた。脱走を試みても、一般人が決まって取り押さえに協力したためにたいてい失敗した。マグダレン保護施設は、スコットランドなどほかの地域にも存在していた。

　ヴィクトリア時代のこの施設に収容されていたのは、未婚の母や娼婦だけではない。尻軽な少女や成人女性が、当人や周囲の者に危害をおよぼすのではないかと恐れられて、予防措置として送られる例もあったのだ。ふつう収容者は新しい名前をつけられて、悔悛者誰それ、と呼ばれる。最初の三か月は独居房に閉じこめられ断髪されて、罪の償いのために無給の重労働をあてがわれた。子どもがい

> ヴィクトリア時代のこの施設に収容されていたのは、未婚の母や娼婦だけではない。予防措置として、少女や成人女性が送られる例もあったのだ……。

マグダレン洗濯所に収容された未婚の母の乳児の遺体は、現在も続々と発見されている。2017年にもアイルランドのゴールウェー県で、約800体が見つかった。

たとしても、孤児院に入れられて母子が会うことは許されなかった。

一九九三年に、ダブリンの保護施設の地下で遺体一五五体を収めた集団墓地が見つかるまで、堕落した女性が残酷な仕打ちを受けていたことは知られていなかった。この発見に続いて、元収容者が身体的、性的、精神的虐待に耐えていた事実を次々と暴露した。アイルランド政府は謝罪とともに、生存している犠牲者に三〇〇〇万ポンドの補償金を支払った。

中国初の精神病院

一九世紀の中国で精神病を患った者は通常、家族によって薄暗い部屋に閉じこめられていた。外を出歩けば、人に指さされて嘲笑され石を投げられることすらある。そうした隔離が続いていたために、精神病の問題は深刻に受け止められていなかった。このような状況を変えたのがアメリカ人のジョン・カー医師だった。カーは広東で一八五四年から四〇年以上眼科病院を営んで、一〇〇万人近くの患者を治療した。教えた医学生の中には、中華民国の初代大総統になった孫文もいた。

カーが支援を得ていた北米長老教会のエドワード・トゥイング教授は、一八九〇年に「中国の精神異常者への西洋式対処法」と題して講演している。ふたりは精神病院を作るために香港と広東の富裕層に資金提供を呼びかけたが、必要性を訴えるよそ者の言葉に耳を貸す中国人はいなかった。

諦めを知らないカーはどうにかなるだろうと、一八九一年に広東で約一万二〇〇〇平方メートルの土地を購入した。すると驚いたことに、医療使節団の元団員が病院建設の資金を寄附してくれた。一八九七年には、二四室の精神病者保護院、つまり中国初の精神病院が落成した。翌年、第一号の男の患者が到着した。歩くのもままならない状態で、三年間石につながれていた鎖を引きずっていた。ふたり目の患者は女で、床に固定された鎖を首にかけられた姿で見つかった。

カーが導入した思いやりのある治療は、この国では知られていなかった。カーは強制や拘束を避けた。そして患者は病気なので休息とレクリエーションを与える、それだけでなく可能なら報酬をともなう雇用をする、と説明した。中国の地方当局は、こうした人々の面倒を見る負担から解放されて喜び、カーの治療成績に驚いた。そしてそれほど効果があがるならと、患者の看護に歳費をつけた。精神病者保護院は病床五〇〇にまで拡張し、さらに成功を収めつづけて一九三七年に閉院した。今日のモダンな広州市恵愛病院は、カーの施設を発展させたも

孫文は1886年にジョン・カーに医学生として師事した際に、カーを説得して男女の学生を教室で別々にすわらせるのをやめさせた。

のである。

同性愛

ヴィクトリア時代の社会では、同性愛についておおっぴらに議論されることはなかった。というのもそのような概念を表す言葉が存在していなかったからである。イギリスでは一八六一年まで絞首刑になる罪ではあったが、この時代の人々は意外にもひそやかな行為には寛容だった。だが人目のある場所でそのようなふるまいをすれば、警察はめったに見逃さなかった。一九世紀半ばに捕まった男の同性愛者に対して、死刑の判決がくだされてもたいていは自動的に流刑に減刑された。

密室での男同士の同性愛行為は一八八五年まで犯罪にならなかった。

それから間もなく、さらに寛容な姿勢が顕著になった。一世を風靡したラファエル前派の画家、シメオン・ソロモンは美少年画で名が売れていた。一

シメオン・ソロモン（写真）にとって、ヴィクトリア時代の詩人、アルジャーノン・チャールズ・スウィンバーンは親友だったが、ソロモンが逮捕されたとたんに絶交された。

シメオン・ソロモンの1864年の絵画《ミティレネ島の庭のサッポーとエリンナ Sappho and Erinna in the Garden Mytelene》。レスボス(ミティレネ)島で、愛し合うふたりの女流詩人を描いている。

八七三年、三三歳のソロモンはロンドンの公衆トイレで文盲の馬丁と性行為におよんで捕まった。ふたりの逮捕理由は「男色という忌まわしい犯罪」だった。六〇歳の馬丁には一八か月の懲役と重労働の判決がくだされたが、ソロモンは一〇〇ポンドの罰金刑で済んだ。その翌年、ソロモンはパリの男子トイレで男娼とともに取り押さえられて、三か月間刑務所入りになった。その後は上流階級から顧みられなくなり、二〇年間救貧院で過ごして生涯を終えた。

密室での男同士の同性愛行為は一八八五年まで犯罪にならなかった。一八九五年に「著しい猥褻行為」を規定する刑法ができてから

ジャック・ソール

またの名をダブリン・ジャックという。ソールはカトリック教徒の貧しいアイルランド人で、ロンドンのクリーヴランド街19番地にあったもぐりの男娼館では、少年男娼として人気があった。1881年には、悪名高き自伝的ポルノ小説『低地の町々の罪(The Sins of the Cities of the Plain)』[「低地の町々」は旧約聖書に出てくるソドムなどの五都市]を匿名で執筆。作中の女装の男娼「メアリアン」に、自分の日頃の生活を重ねた。男娼館は正業が電報配達の少年を何人か働かせて、貴族に性的サービスを提供し稼がせていた。1889年7月4日、少年のひとりがこのことを警察に白状し、1度の行為で4シリングを受け取っていたことを認めた。それがスキャンダルの引き金になった。翌年までに約60人の客が特定されて、そのうち22人が国外に逃亡した。その中には娼館のオーナー、チャールズ・ハモンドも交じっていた。ヴィクトリア女王の孫で王位継承第2位のアルバート・ヴィクター王子も、客だったのではないかと噂された。少年男娼は卑猥行為の罪で有罪になり、4〜9か月の懲役と重労働の刑に処せられた。

1890年には、新聞社を文書誹謗罪で訴えたユーストン伯爵の裁判で、30歳前半になっていたソールが証人に立った。新聞社は伯爵が男娼館のパトロンだと報じていた。宣誓証言でソールは、猥褻な言葉で性行為の描写をして法廷に衝撃を与えた。伯爵と行なったさまざまな行為も説明したが、それでも伯爵は勝訴した。ソールは証言の内容で有罪になってもおかしくなかったが、訴追を免れた。最終的にはダブリンに戻り、執事として働いたが46歳で早世した。

アルバート・ヴィクター王子には、男娼館に足を運んでいたという根強い噂があったが、男娼のジャック・ソールは裁判で王子の名を出さなかった。

最初の犠牲者となったのは、劇作家のオスカー・ワイルドだった。が、それも同性愛者呼ばわりされたとして、恋人の父親を相手に訴訟を起こしたためである。女性の同性愛も同法の対象になったが、ヴィクトリア女王がそのようなことはありえないと宣言して以来除外された。

オスカー・ワイルド

異彩を放つ劇作家にして機知に富むオスカー・ワイルド(一八五四〜一九〇〇年)は、結婚して息子ふたりをもうけており、一見完璧な家庭を築いていた。その一方でアルフレッド・ダグラス卿とは同性愛関係にあり、世間をばかにするような態度を見せはじめていた。一八九五年には喜劇『嘘から出た誠』(岸本一郎訳、岩波書店)がロンドンで大ヒットしたために、作家人生の頂点にいた。だがそれと同じ年に、ワイルドは致命的な過ちを犯す。ダグラスの父であるクインズベリー公爵から、「somdomite」(男色家、正しくはsodomite)であることを非難したメモを渡されると、それをやり過ごせなくて公爵を名誉毀損罪で訴えたのだ。ダグラスの強い後押しもあった。裁判が証言により公爵に有利になりはじめると、ワイルドは訴訟を取り下げた。友人にフランスに逃げるよう

ポーズをとるオスカー・ワイルド(左)と恋人のアルフレッド・ダグラス卿。ワイルドの一生の不覚は、ダグラスの父親を訴えたことだった。

勧められたが、名声のある自分が捕まるはずはないとタカをくくっていた。ところが、ワイルドは男同士の著しい卑猥行為の罪で逮捕された。一八八五年に有効になった「同性愛法」にもとづいて起訴された第一例となったのである。

最初の裁判では陪審員の意見が割れて評決にいたらなかったが、やり直しの裁判では有罪になった。ワイルドは二年の重労働の刑を言い渡されてレディング牢獄に入れられた。労働は硬いロープをほぐす作業だったので、手が血だらけになった。また毎日トレッドミル（足踏み車）を踏まされた。刑務所内でダグラスに宛てて書いた手紙では、男色に誘ってよくも仕事の妨げをしてくれたなとなじっている。一八九七年に釈放されたときは、身も心もボロボロで破産状態にもなっていた。フランスとイタリアに渡り、一八九八年には長編詩「レディング牢獄の唄」（『オスカー・ワイルド全集』所収、西村孝次訳、青土社）を書き上げた。その後はパリのアパートに落ち着き、残り少なくなった友人をもてなしながら一九〇〇年に亡くなった。

ジェームズ・バリー博士

ジェームズ・バリー（一七八九～一八六五年）は、イギリス軍屈指の外科医、および軍病院の監察官として輝かしい名声を集めていた。ところが死とともにその評価は地に落ちる。「彼」が女性だったことが暴露されたのだ。バリーはエディンバラ大学も、イギリス王立外科医師会もイギリス陸軍も欺いて、英国初の女性医師となっていたのである。

アイルランドのコーク県で生まれたマーガレット・アン・バックリーは男装して、富裕で画家として名高い叔父、ジェームズ・バリーの名を偽名に用いた。この叔父が、エディンバラ大学に入学させてくれた。一八一二年に医学の学位を取得。翌年には外科助手として軍に入隊した。マーガレットは南アフリカのケープタウンに配属されたときに、衛生状態に着目して、健康管理の見直し運動を開始しその後のライフワークとした。地中海からカナダまで世界を縦横に旅してまわり、荒っぽく男らしい態度を装って、あるときはフローレンス・ナイチンゲールを叱りつけたりもした。同僚の将校と決闘まで演じている。マーガレットは新しい試みの帝王切開を成功させたほか、一八四八年にはコレラ発生の有無について信頼のおける報告を行なった。

一八六五年、マーガレットは赤痢で死去した。ジェームズ・バリーの秘められた人生を暴いたのは遺体を安置し清めた女性で、この方は「完璧な女性」でしたと述べた。生前の彼女を知る数人が、かねて女であるのはわかっていたと主張した。男女の特徴をそなえていたために、両性具有者だったのではないかと考える者もいた。死亡診断書を書いた医者は、男と女のどちらなのかと尋ねられると、「わたしの知ったことではない」と言い放った。

マーガレット・アン・バックリー(左)と召し使いのジョン。バックリーはイギリス初の女性医者となった。

南北戦争の女性兵士

アメリカの南北戦争では、北軍と南軍の両陣営で女性兵士が男の姿に身をやつして戦った。髪を短く切り胸に布を巻きつけ、軍服の下に重ね着をするか大きめの軍服を着て、顔に泥を塗りたくった。その動機はたいてい愛国心

南北戦争後、サラ・エドモンドソンはカナダで結婚して3人の子どもを産んだ。アメリカに戻ってくると、ふたりの男の子を養子に迎えた。

や冒険心、あるいは以前の生活からの逃避だった。四〇〇人いた女性兵士の中でもサラ・エマ・イヴリン・エドモンドソン(一八四一〜九八年)についてはとくに詳しい記録が残っている。

サラはカナダのニューブランズウィックで生まれた。意に染まない結婚から逃れるために渡米したあと、男の身なりをしてフランクリン・トンプソンと名乗った。一八六一年に南北戦争が勃発すると入隊して、一兵卒トンプソンとなった。当初は看護師と郵便配達人だったが、次第にさまざまな変装をして敵前線後方に侵入し情報を収集するようになった。男の黒人奴隷になることも、女のアイルランド人行商人になることもあった。交戦にも何度か参加している。一八六二年八月の第二次ブルランの戦いでは、乗っていた馬が殺された。その後ラバに乗り替えたが落馬し、足を骨折して内臓を損傷している。

その翌年にはマラリアにかかった。医者に正体がバレるのを恐れたサラは、休暇も取らずに部隊を去った。病から回復したため軍に復帰しようとしたが、フランクリン・トンプソンは脱走罪で告訴されていた。そこでサラは仮面を脱ぎ捨ててそれから終戦までの期間を、ワシントンで看護師として過ごした。一八六四年に回顧録を出版して大当たりすると、その利益をアメリカ戦争救済基金(US War Relief Fund)に寄附した。軍で性別をごまかしていたことを認めたため、サラは名誉除隊になり軍の恩給を支給された。一八九七年には、女性として唯一北軍陸軍軍人会のメンバーとして受け入れられた。

階級制度

イギリスには古代から根づいている社会の階級制度があり、最上位の貴族階級と一般大衆である労働者・職人とのあいだには歴然とした区別があった。小規模な商売は数多く存在していたが、真の中産階級が台頭して、古い資

真の中産階級が台頭して、古い資産家の支配への対抗手段として新たな資金を使うようになったのは、ようやく一九世紀になってからである。

産家の支配への対抗手段として新たな資金を使うようになったのは、ようやく一九世紀になってからである。上昇志向の中産階級は今や、教育と徳性の高さによって紳士淑女になることも夢ではなくなっていた。

上流階級　もっぱら貴族階級で、ヴィクトリア時代を通して社会や政治、軍でのリーダーシップを保ちつづけた。この階級は、相続権や先祖伝来の地所があり、不愉快な仕事をしなくてよい収入を保証されていた。ただしこのような古い貴族階級は、商業や工業、専門的職業を土台とする新たな上流階級と融合しつつあった。

中産階級　裕福で、しかるべき礼儀作法と価値観を守るよう気を配っていた。実業家と専門職をもつ者

階級制度を皮肉った1843年の風刺漫画「資本と労働」。搾取的な社会区分に対するヴィクトリア時代の人々の苛立ちが表れている。

ふつう妊娠したら解雇されても文句をいえなかった。召し使いは次の雇用のために、前の主人の推薦状が必要だったからである。

が属し、ヴィクトリア時代には尊敬に値するこの階級のために「ブルジョアジー」(有産階級)の造語が作られた。だが、この階級が従って生きたしきたりが窮屈だったために、男は新たなストレスを、女は退屈を感じるようになった。

下位中産階級　「見栄っ張り」階級。できるかぎりきちんとした生活をする、召し使いを置いて妻や娘が日常的な雑事に煩わせられないようにする、といったことで中産階級の体裁を整えていた。

労働者階級　熟練労働者も非熟練労働者もまだ底辺にいたが、社会階層を上ろうとあがく者が多かった。それが難しかったのは、労働者は高等教育を受ける機会がなく、無教養のまま貧しさから抜けだせない運命にあったからだ。一八九八年にロンドンとヨークで実施された調査では、この階級の三分の一が飢餓寸前だった。

✣——ティッチボーンの訴訟人

イギリス貴族のロジャー・ティッチボーン卿は、二四歳のときに南米の

貴族の虐待

ヴィクトリア朝の貴族の威光は、議会でも、地所や支配下にあった村々でも感じ取れた。そうした権威の邪悪な面が表出するのは、たいてい貴族の壮大な屋敷の中だった。屋敷には身分の低い召し使いの少女がおり、裕福な雇用主のそばで長年過ごして、所有物も同然とみなされ慰み者にされた。犠牲者が主人の好意を期待して進んで身を任せることもあったが、多くの場合、性的暴行を受けた。その結果身ごもったら、貴族の子であっても私生児として援助なしに産むはめになっただろう。ふつう妊娠した場合、解雇されても文句をいえなかった。召し使いは次の雇用のために、前の主人の推薦状が必要だったからである。

冒険の旅に船出した。南米で目的を果たしたあとは、一八五四年にベラ号に乗りこんで西インド諸島に向かった。ところがこの船が航行中に沈没して、翌年ロジャーの死亡が宣告された。母親のアンリエット・ティッチボーン夫人は希望を捨てずに、外国紙に、行方不明の息子が一族の全財産の相続人であることを告げる広告を載せた。さらに息子の消息についての情報提供に「破格の謝礼」を出すと宣言した。

オーストラリアのニューサウスウェールズ州ウォガウォガでは、トム・カストロと名乗る肉屋がこの記事を読んで、謝礼より相続財産に興味をもった。一八六五年、この男は事務弁護士にアンリエット宛ての手紙を書かせて、自分は行方不明になった息子だと主張した。夫人は有頂天になってカストロのもとに迎えの者を寄こした。外見は変わっていたが失踪から一〇年が経過していたので、夫人はわが息子としてカス

もともとはオーストラリアの肉屋だったアーサー・オートンは、粗野なトム・カストロから貴族のロジャー・ティッチボーンに転身した。

1871年の有名な「ティッチボーンの訴訟人」裁判の重要な主役が描かれている。裁判はオートンの偽証罪が成立して結審した。

トロを抱擁して、年間一〇〇〇ポンドの小遣いを支給した。だがほかの家族は怪しんだ。というのもこの男は一番達者なはずのフランス語を話せなかったからだ。ロジャーはパリで生まれて青春期を過ごしていた。家族の者がオーストラリアに問い合わせたところ、トム・カストロの正体はロンドン出身のアーサー・オートンであることがわかった。

夫人は一八六八年に没したが、ロジャーについて調べる時間がたっぷりあったオートンは、そのまま相続人を装った。遺族がオートンを民事裁判で訴えると、好奇心に駆られた新聞や大衆が飛びついた。弁護側の証人一〇〇人以上がオートンに有利な証言をしたが、訴追側は説得力のある指摘をした。たとえばあったはずの入れ墨がなかったし、フランス語も話せなかった。次の刑事裁判で、オートンは懲役一四年と重労働の刑を言い渡された。この二度の裁判が終わるまで一年近くが経過して、当時のイギリスの裁判の最長記録となった。作家のジョージ・バーナード・ショーをはじめとする大勢の人々が、貴族階級の労働者階級への不当な仕打ちであるとして減刑を働きかけると、オートンは一八八四年に刑期半ばの一〇年で釈放された。

その一一年後、オートンは、ロジャーになりすましたのは新聞社にネタを提供して報酬を得るためだった、と告白した。その後この告白を撤回して、もらった金でロンドンのイズリントンで煙草屋を開いたが失敗した。一八九八年に死去したときは、死亡証明書と棺の金属プレートにティッチボーンの名が正式に記された。およそ五〇〇〇人が葬儀に参列し、棺は墓碑銘のない貧民用の墓に収められた。

❖——公爵の二重生活

第五代ポートランド公爵は金はあるが風変わりで、狂人に近かった。ノッティンガムシャーに所有する広大なウェルベック・アビーの一室で、毎日ひとりで鶏を一羽ずつ平らげて、人との接触を一切避けていた。召し使いには、すれ違うときに顔をそむけるよう命じた。たとえ広い庭でも同じだった。病気になったときは、医者は呼ばれるが直接診察できない。ドアごしに公爵がどんな症状であるかを大声で伝えて、医者が診断と指示を叫び返す。人前に出て行かねばならないときは、外套三枚を重ね、シルクハットと傘で素顔を隠した。また馬車の窓はカーテンで視線を遮断した。そのため地元民の大半は公爵の外見を知らなかった。

おかげで別人になりすますのは容易だった。孤独癖がありロンドンに店を構えるトマス・ドゥルースが、本当は公爵だったなどと誰が思いつくだろうか。ふたりは背丈が同じなら体格、外見もそっくりだった。ドゥルースはカーテンを下ろしてオフィスを店員に覗かれないようにしていたし、出てきたときは無視するよう命じていた。

ドゥルースがベーカー・ストリート・バザールから姿を消すと、公爵がウェルベック・アビーに現れる。公爵が邸宅を出るとドゥルースが戻って来た。こうしたことも、一八六四年にドゥルースの葬儀と埋葬が行なわれると、ピタリとやんだ。ちょうどこの頃公爵は邸宅に戻って、大規模な建設計画に着手している。何千人という作業員を雇って、二〇〇〇人を収容する舞踏場や乗馬学校、ビリヤード室、図書館などの施設を作ったが、どれも地下にあった。しかもいずれも数キロもの長さのトンネルで結ばれており、使用したのは公爵だけだった。公爵は一八七九年に亡くなった。

一八九六年、ベーカー街に住むアン・マリア・ドゥルースが、義父の棺を掘り起こして開き、ドゥルース（公爵）の葬儀が偽装だったことを証明するよう要求した。それが明らかになれば、彼女の息子が正当な第六代ポートランド公爵となり、財産を相続できる。新聞はこの訴訟を大々的に取り上げたが裁判は行き詰まり、アンは精神病院で一九〇三年に生涯を終えた。遺族はアンの主張を申し立てつづけた。すると一九〇六年に、店とドゥルースの家を結ぶ地下道が発見された。となれば公爵邸までトンネルが延びていても不思議はない。その翌年、棺が開けられて遺体が確認されると、訴訟は「根拠を欠き訴権乱用にあたる」として棄却された。それでもふたりが瓜二つだったことから、いまだに同一人物だったと考える者は多い。

トマス・ドゥルースが、本当は第5代ポートランド公爵のウィリアム・ジョン・キャヴェンディッシュ＝スコット＝ベンティンクだったと、信じて疑わない者は多かった。

ECHAPEL HORRORS. WHEN WILL THE MURDERER BE CAPTURED ?

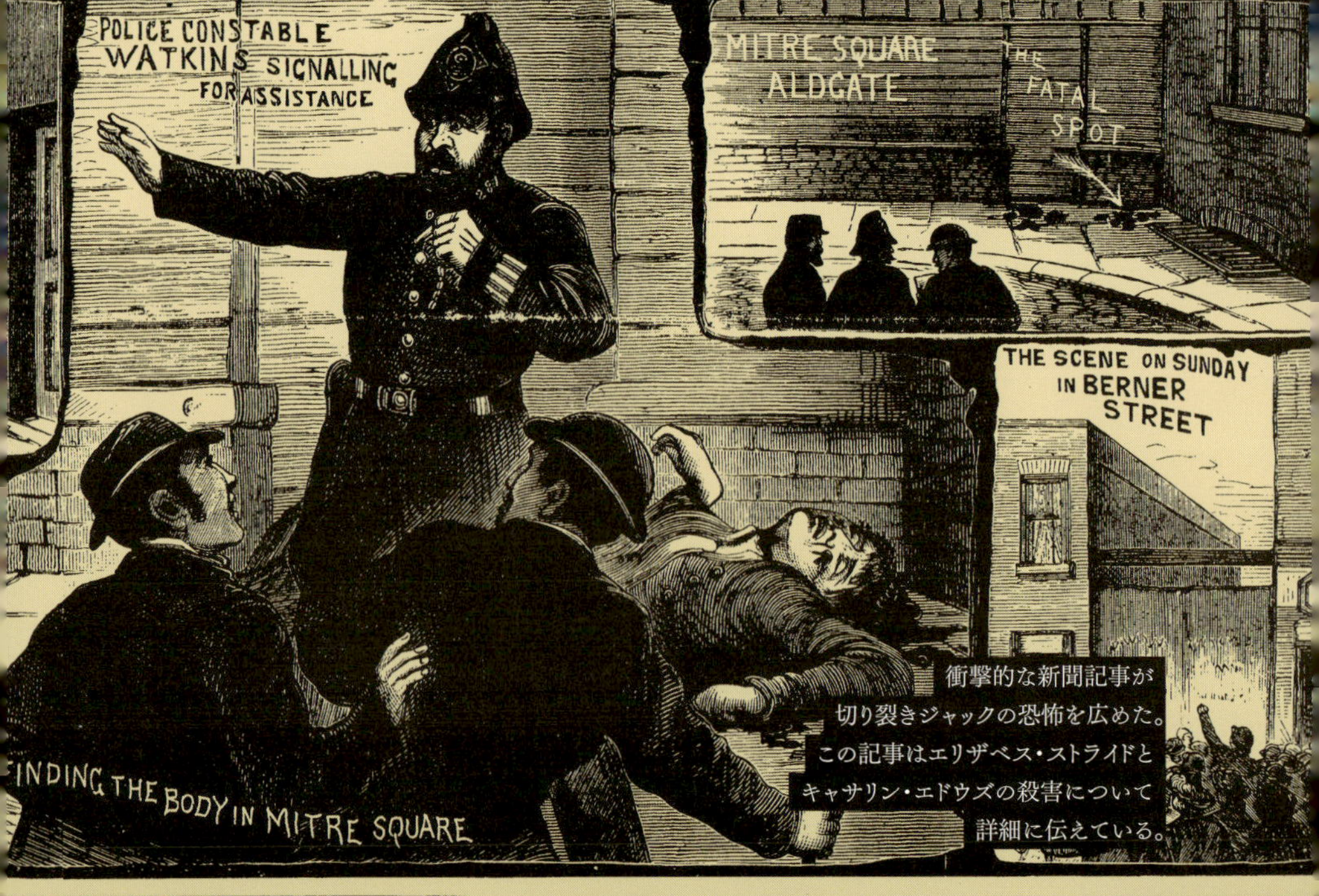

衝撃的な新聞記事が切り裂きジャックの恐怖を広めた。この記事はエリザベス・ストライドとキャサリン・エドウズの殺害について詳細に伝えている。

第四章

犯罪と刑罰

Crime and Punishment

ヴィクトリア時代の都市は暴力と犯罪の温床だった。その主たる要因となったのは、多くの人間がひしめき合う貧民街や、産業革命にともない根なし草になったよそ者の流出入である。

ロンドンで暴力事件があったのはほとんどイーストエンドだった。とはいえ高級街でも昼間にはスリなどの軽犯罪、夜間には暴力事件が起きていた。そのために市民が恐れおののいていたところに、新聞が大げさな見出しをつけて街の危険性を強調したために、恐怖はパニック寸前にまでエスカレートした。殺人事件の報道は、一八八八年の切り裂きジャックの出現で異様な盛り上がりを見せた。この凶悪な連続殺人犯の正体はわからずじまいだったので、恐怖はいつまでも去らなかった。同様に残忍な殺人事件はヴィクトリア時代を通して発生している。たとえば、アメリア・ダイアーは四〇〇人もの子どもを手にかけて、イギリス史上最悪の連続殺人犯となった。警察の捜査は単純な観察に頼っており、ややもすると遅々として進まなかったが、後年には科学技術の威力に助けられた。一八九二年には「ランベスの毒殺魔」に裁きを受けさせるために、ロンドンとシカゴのあいだで電信機が使われた。非暴力的な犯罪は、コソ泥から歴史に残る詐欺まで日常化した。一八七三年には、アメリカのギャングが「大詐欺事件」でイングランド銀行から一〇万ポンドを騙し取っている。犯人はエディンバラとニューヨーク、ハバナで逮捕されて、ふたりが無期懲役になった。ヴィクトリア時代の逮捕者は、スリであろうとパン一切れを盗んだ者であろうと、ほぼ例外なく監獄に入れられた。ロンドンの監獄の収容者が増えたので、多くの服役囚がオーストラリアの流刑地に送られた。テムズ川に停泊させた巨大な監獄船に収容された者もいた。

スリのカモ

一八三八年の小説『オリヴァー・ツイスト』の中で、チャールズ・ディケンズは、愛すべき悪漢フェーギンが統率する少年窃盗団を登場させている。架空のリーダーの少年は逃げの達人(アートフル・ドジャー)でも、ディケンズの読者は容易にその姿を追うことができる。ヴィクトリア時代のロンドンの街路はごった返していて、スリにはうってつけだった。ボロボロの服を着たワンパク坊主がうろついて、財布やらハンカチーフやら、抜き取れそうなものを手当たり次第に盗んでやろうと手ぐすねを引いている。なかにはまだ五歳の子もいた。「ナティ・ラッズ」(手の早い奴)と呼ばれる少年らは、一瞬でターゲットの気をそらして素早く手を動かす。単独の仕事を好む者もいたが、集団で徘徊するほうが成功率は高まった。

一八五五年の時点で若者を訓練していた犯罪組織のボスに、チャールズ・キングがいた。キングのかかえるプロのスリ集団には、週に一〇〇ポンドを稼いだことがあるという、一三歳のジョン・リーヴズがいた。どんな形であれ街路で騒ぎがあれば、スリのチャンスになった。一一歳のマーティン・ガヴィンは、一八四〇年に事故現

ロンドンの街中で気をそらすことがあれば、子どものスリにとって絶好のチャンスになった。こうした子どもは刺激的なギャングの生活に魅入られていた。

オレンジ・ボーイ

ロンドンには11歳の「オレンジ・ボーイ」と呼ばれるスリがいた。この少年は通行人に「可愛そうな孤児のオレンジを買っておくれ。パンのひとかけらもないんだ。ひもじいよ」と懇願する。そう話しながらバスケットを相手に押しつける。するとカモにされた者はあとで財布がないのに気がつくのだ。1850年3月5日づけのタイムズ紙には、読者が次のような警告を投稿している。「淑女および老若男女のみなさん、ポケットに財布を入れて歩いてはなりません。哀れを乞う乞食にも、街中にはびこるあらゆる種類の乞食にもご用心。そして何よりも身のまわりに目を光らせて、できるかぎり『オレンジ・ボーイ』には近づかないことです」

場に集まった野次馬に紛れて、紳士のハンカチをくすねて裁判にかけられた。あるときには、一週間で五〇〇〇枚のハンカチが盗まれて、店の外に吊り下げられた。被害者はこうした店で自分の持ち物を買い戻したのである。

手練れのスリは捕まらないだろうとタカをくくっていたが、これは分の悪い賭けだった。逮捕されれば死刑になる恐れがあった。もっとも子どもの場合は、ほぼ確実に減刑されて懲役刑か流刑になった。一八三〇〜六〇年に、ロンドンの中央刑事裁判所で裁かれたスリのうち、半数以上が二〇歳未満だった。

流刑

犯罪者を海外に追放する制度は一七一七年から始まり、ヴィクトリア時代も継続されていた。流刑によりいくつかの問題が解決された。監獄の混雑が緩和されて、イギリスからさまざまな種類の有害な人間が永遠にいなくなり、拡張しつつある植民地に必要な労働力が供給される。そうして追い払われた者は、パンを盗んだ子どもから死刑を減刑された冷酷な犯罪者までバラエティに富んでいた。

アメリカは一七七六年の独立戦争まで受刑者を受け入れていた。その後はオーストラリアとニュージーランドに流刑地が建設された。オーストラリアのボタニー湾に最初の囚人船団が到着したのは一七八八年である。ニューサウスウェールズの植民地が公式な流刑地で、一八八〇年代の半ばには流刑地として使用される場所がほかにも数か所できた。流刑者の二〇パーセント程度の女は、「女囚刑務所」に送られて作業に従事した。

罪人の中には、アイルランドの民族独立主義者のような政治犯もいた。一八五二年には、一八〇〇人もの人々がウェールズから送られてきた。しかもその多くがウェールズ語しか話さなかったのでいっそう孤立化した。どの服役囚も重労働を割り当てられる可能性があった。通常ならそれは道路や採石場、農場での仕事である。流刑の刑期は一般的に七〜一四年におよんだが、模範囚と認められれば仮釈放許可証や釈放証明書、条件付恩赦、全面的恩赦のいずれかにより釈放された。全面的恩赦が与えられた場合は、イギリスへの帰国も可能だった。

両国の世論に押されて、一八六八年には流刑が中止された。オーストラリア人は自国に入植した犯罪者が多すぎると感じていた。イギリス人は、受刑者が新たな生活に無料で旅立てるので、犯罪率がほとんど下がっていないと

有罪になった女囚。これから送られるフランスの流刑植民地は、オーストラリアのニューカレドニアにある。

メアリー・ウェード

1859年に82歳でオーストラリアで死去したメアリー・ウェードは、この地に最年少で流された罪人として名を知られていた。子どもの頃メアリーは、ロンドンの街路を掃除して物乞いをしていた。1789年、12歳のとき8歳の少女からスモックをくすねて絞首刑を宣告された。それが減刑されて、11か月の航海を経て流刑地にやって来たのだった。ここで大勢の子どもを産み、ジョナサン・ブルッカーと結婚して、最終的にニューサウスウェールズ州のイラワラ地方に住み着いた。ジョナサンは1833年に、メアリーはその26年後に没している。

メアリーの存命中に子孫の数は300人を超えた。オーストラリアのケヴィン・ラッド元首相は、今日何万人にも増えた子孫のひとりである。

感じていた。流刑の八〇年の歴史のあいだに、八〇六隻の船でざっと一六万二〇〇〇人の囚人が送りだされた。そのうち約七〇パーセントがイングランドとウェールズの出身で、二四パーセントがアイルランド、五パーセントがスコットランドの出身だった。ほかにはカナダやインド、中国から流されてきた犯罪者もいた。

預言者の殺人

ジョセフ・スミスの言葉によれば、スミスは一八二三年にモロナイという天使から、神とアメリカ先住民との深い関わりを示す古代の記録があることを知らされた。一八二七年に薄い金版に書かれた記録を発見すると、神からその『モルモン書』を翻訳する力を授けられた。三年後、スミスは末日聖徒イエス・キリスト教会を創設して、初代大管長に就任した。そしてオハイオ、ミズーリ、イリノイで生涯をかける仕事に取り組み、町やモルモン教の神殿を建設して、何巻もの聖典を書き外国に宣教師を送った。一八四四年には大統領選にも出馬している。

スミスの行くところには、必ず論争と迫害がつきまとった。結婚した妻の数は四〇人にものぼる。その中には既婚者も、まだ一四歳の少女もいた。イリノイ州ノーヴーのモルモン教改革分派は、ほかの問題ととも

List of Convicts embarked on board the Merchantman 27th June from Portland, for removal to Western Australia

Ship's Regr.	Name	Store	Age	Whether Read or Write	Specl. descn. of Crime	Sentence	Character in Sep: Conft.	Character on Pub: Wks.
125	Dd Hossack	[illegible]	18	Imp	Assault with intent to Ravish	21 yrs P.S	Mod.y Good	Ports.h Indif. Lunnos do Bear. Isl.d Mod. Good Woking Very Bad Portland Bad
129	George Burkett	[illegible]	20	Imp	Wounding with intent to Murder	Death com. Life P.S	Mil.Bk V.G Penton V.B	Chatham Very Bad Portland Good
262	William Greenhow	[illegible]	34	Neith.r	Larceny	7 yrs P.S	Good	Indif.t
263	John Ryan	[illegible]	28	do	Larceny and receiving	7 yrs P.S	Good	Good
	Joseph Jones	[illegible]	33	Imp	Firing a Stack	10. P.S	M.l Bk Good Pen: Very Good	Good
138	Henry Johnson	[illegible]	23	Imp	Assault with intent to Rob:	15. P.S	M.l Bk Good Pen: Indif.t	Good
160	John Davis	[illegible]	19	Imp	Burglary	10. P.S	M.l Bk Good Pen: Very Good	Good
161	Stephen Gay	[illegible]	26	Well	Burglary	10. P.S	M.l Bk Good Pen: Very Good	Good
253	Jesse Evans	[illegible]	26	Imp	Arson (Stable)	8. P.S	M.l Bk Good	Good
134	George Bincher	[illegible]	40	Neither	Forgery and Uttering	25. P.S	M.l Bk Good Pen: Very Good	Good
162	John Lowe	[illegible]	43	Imp	Having in poss.n a coin.g mould	10. P.S	M.l Bk Good Pen: Very Good	Good
163	Joseph Mack	[illegible]	25	Imp	Housebreak.g	10. P.S	M.l Bk Good Pen: Very Good	Good
164	David Beard	[illegible]	29	Imp	Simple Larceny	10. P.S	M.l Bk Good Pen: Very Good	Good
165	Michael Ennis	[illegible]	26	Imp	Larceny	10. P.S	Very Good	Good
166	John Hicks	[illegible]	28	Imp	Larceny fr the person	10. P.S	Good	Gen Good
167	Robert Jones	[illegible]	26	Imp	Receiv.g Stolen Pty	10. P.S	Very Good	Good
147	George Griffiths	[illegible]	29	Imp	Larceny	14 yrs P.S	M.l B Good Pen Bad	Indif.t
139	Michael Brady	[illegible]	23	Read	Conspiracy & Insubordination	15. P.S	M.l Bk Good Pen: Indif.t	Good
168	Samuel Ward	[illegible]	24	Imp	Burglary	10. P.S	Good	Bad
148	John Franklin	[illegible]	26	Both	Stealing Recr.s	14. P.S	M.l Bk Good Pen: Very Good	Good
149	John Willock	[illegible]	20	Imp	Larceny	14. P.S	Middling	Indif.t
150	Gilbert Grierson	[illegible]	26	Imp	Larceny	14. P.S	Very Good	Good
169	John Macdonald	[illegible]	24	Imp	Housebreak.g and Larceny	10. P.S	Very Good	Good
170	Walter Scott	[illegible]	29	Imp	Housebreak.g & Larceny	10. P.S	do	do
171	Henry Cooper	[illegible]	24	Read	Robbery with violence	10. P.S	Very Good	do
172	Charles Thompson	[illegible]	22	Imp	Assault to Rob:	10. P.S	Indif.t	Dartmoor Good Portland Good
151	David Jones	[illegible]	29	Read	Firing Stacks	14. P.S	Good	Dartmoor V.y Bad Portland Indif.
173	John Saunders	[illegible]	41	Imp	Stealing	10. P.S	Good	Good
174	Aaron Sharp	[illegible]	21	Imp	Larceny	10. P.S	Good	Good
137	Serafino Gallate	[illegible]	28	Imp	Manslaught.r	18. P.S	Good	Good
141	William Atkins	[illegible]	27	Imp	Burglary	15. P.S	M.l Bk Good Pen: Good of late	Bad
140	James Summers	[illegible]	34	Well	Forgery	15. P.S	M.l Bk Good Pen: Very Good	do
130	James Wadden	[illegible]	29	Read	Wounding with intent to Murder	Life P.S	M.l Bk Good Pen: Very Good	Good

マーチャントマン号の服役囚の乗船名簿。この船は1864年7月1日に英ポートランドを出港して、ウェスタンオーストラリアに向かった。

にこのことをやり玉にあげており、スミスをはじめとする教会指導者の「忌まわしい行為と売春」を、発行する新聞ですっぱ抜いた。市長となっていたスミスがその新聞社の破壊を命じると、被害者側の訴えから「暴動」と判断されて、スミスと兄ハイラムは郡都カーセッジの牢に入れられた。スミスはこういい残している。「わたしは解体される羊のように赴くが、夏の朝のように穏やかである」多くの者がこのチャンスを待っていた。一八四四年六月二七日、怒り狂い、顔を黒く塗った暴徒が牢獄を襲撃して兄弟を撃ち殺した。

ウォルソー・シグナル紙は殺害については遺憾だとしながらも、スミスが自由を脅かしたことへの反発だと弁護した。五人が殺人罪で裁かれたが全員が無罪になった。二年後、スミスの後継者のブリガム・ヤングは、モルモン教徒の共同体を引き連れてノーヴーを離れ、西に大移動して、一八四七年にユタ州に行き着いた。ここで築いたソルトレークシティが教会の本拠地となった。現在は世界中に一六〇〇万人のモルモン教の信徒がいる。

CERTIFICATE OF FREEDOM.

No. 38/470

By Order of His Excellency Major General Sir RICHARD BOURKE, K.C.B., Captain General and Governor-in-Chief of the Territory of New South Wales and its Dependencies, &c., &c., &c.

THIS IS TO CERTIFY, that Seven Years having elapsed since Sentence of Transportation for that Term was passed on Francis Neill No. 31/663, was tried at Dublin City on the 19th of July 1830 and who arrived in this Colony by the Ship Waterloo (2) Addison Master, in the Year 1831, the said Francis Neill who is described on the other Side, is restored to all the Rights of a Free Subject under such Circumstances.

Given at the Colonial Secretary's Office, Sydney, this Fifth Day of June One Thousand Eight Hundred and thirtyeight

Registered in the Office of the Principal Superintendent of Convicts.

オーストラリアの流刑植民地で、流刑囚が刑期を終えたときに出された釈放証明書。

マデリーン・スミス

社交界の淑女、マデリーン・ハミルトン・スミスが、元恋人のピエール・エミール・ランジェリエをヒ素で殺害したとして告発された裁判に、スコットランドの世間は騒然となった。ふたりは身も心も情熱的に愛し合い、結婚した伴侶を気

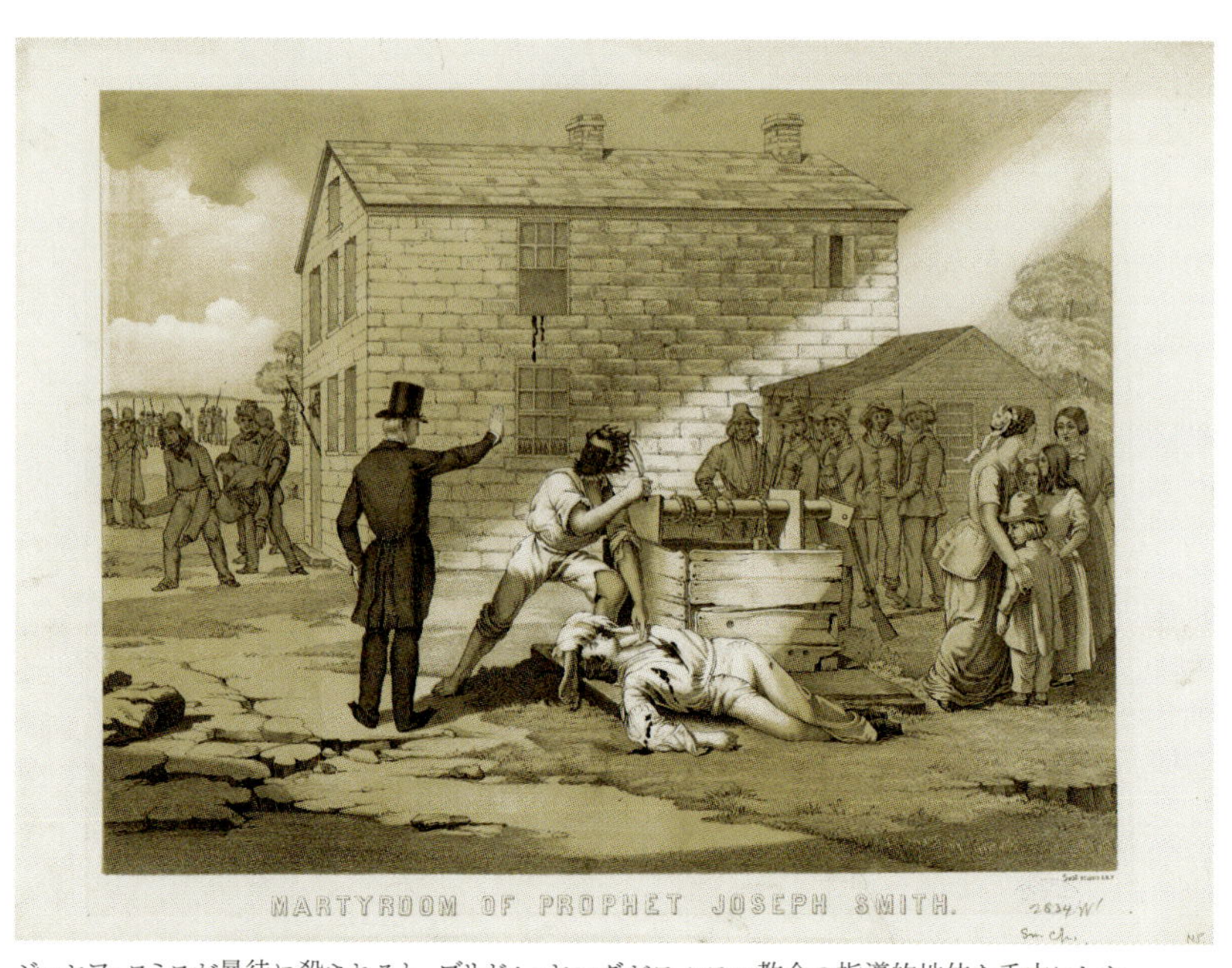

ジョセフ・スミスが暴徒に殺されると、ブリガム・ヤングがモルモン教会の指導的地位を手中にした。

取って秘密の手紙を交わしていた。ランジェリエは「わが妻」に宛てて手紙を書き、マデリーンは自分を「最愛の妻」と呼んでいた。

それほど愛していたのに、マデリーンは裕福で上流階級に属するウィリアム・ミノックと婚約した。ランジェリエには手紙を返すよう求めて、こう念を押した。「紳士であるあなたの誠実さを信じます。わたしたちのあいだでやりとりしたものを絶対に公表しないでください」ランジェリエはそれを拒んで、グラスゴーの著名な建築家である君の父親と婚約者に手紙を見せてやる、といって脅した。マデリーンはその後もランジェリエと夜を過ごすことに同意した。だが、ランジェリエのもとを訪れたマデリーンにコーヒーをいれてもらい、それを飲むと具合が悪くなったことが二度あった。毒を盛られたのかもしれない、と彼は友人に告げている。一八五七年三月にランジェリエは死亡し、検死の結果体内から大量のヒ素が検出された。警察は手紙を発見する

社交界の淑女が元恋人をヒ素で殺害したとして告発された裁判に、スコットランドの世間は騒然となった。

とマデリーンを逮捕した。

淑女の恥ずべき裁判を伝える記事によると、二二歳のマデリーンは被告人席に向かう際「麗人が舞踏場やオペラのボックス席に入るかのような雰囲気だった。足取りは軽やかで、銀の蓋の気つけ薬の瓶をもっている。垢抜けた装いをして紫色の手袋をはめていた」。マデリーンによれば、収監中に何百通もの手紙を受け取ったが、それは「どれもお慰めします、心もお金も差し上げます、という殿方から」のものだった。

検察側は立件の根拠を、動機にくわえて、マデリーンが事件の少し前に服用量三回分のモルヒネを購入していることに置いた。被告は、それは害虫駆除用で薄めて化粧品としても使用した、と反論した。またランジェリエとは死の三週間前から会っていないと主張し、弁護人もランジェリエが自殺した可能性を指摘した。陪審員はわずか三〇分で殺人の「証拠は不十分」であると宣言して、被告を釈放した。それから間もなくマデリーンはロンドンに移り、ラファエル前派の画家ジョージ・ウォードルと結婚した。この結婚が破綻するとアメリカに渡って再婚し、一九二七年に九三歳で天寿を全うした。

陪審の「証拠不十分」の評決は「無罪」ではなく、マデリーン・スミスに不利な証拠は根拠に乏しかったという意味である。

ロード・ヒル・ハウス殺人事件

一八六〇年六月二九日、イギリスの田舎の邸宅で三歳の男児が殺害された。ロンドン警視庁のジョナサン・ジャック・ウィッチャー刑事が捜査にあたり、イギリスではじめて、大衆が推理小説の進展を追うように興味を寄せた現実の事件となった。家庭内には不倫や嫉妬、わがままな子ども、不実な召し使いなどの暗部があったが、なかにはそうしたことを明かそうとしない者もいた。ほとんどの関係者が、考えようによっては容疑者にも犠牲者にもなりえた。

社会的地位のあるサミュエル・ケントとメアリーの夫婦は、ウィルトシャー州ロードに住んでいた。ふたりが目覚めると、ベビー・ベッドに息子のフランシス・サヴィルの姿がない。サヴィルは屋外便所に押しこまれて引っかかった状態で発見された。遺体の首には深い刺し傷があった。地元の警察は、子守の下働きのエリザベス・ゴフと恋人が、逢瀬の邪魔になったために殺したのではないかと疑った。もうひとりの有力な容疑者は、サヴィルの異母兄ウィリアムだった。捜査が暗礁に乗り上げると、ウィッチャー刑事が事件を引き継いだ。刑事はサヴィルの無愛想な異母姉で、一六歳のコンスタンス・エミリー・ケントを犯人と断定した。ところが七月一六日にコンスタンスを逮捕すると非難の声があがった。労働者階級の刑事がれっきとした淑女を殺人罪で告訴するとはけしからん、というのだ。ウィッチャーはコンスタンスを釈放した。

> コンスタンスは教会の司祭に、自分がサヴィルを便所に連れこんで父親のカミソリで殺したと告白した。

その五年後、コンスタンスは教会の司祭に、自分がサヴィルを便所に連れこんで父親のカミソリで殺したと告白した。司祭に助けられて、コンスタンスは判事に自白した。コンスタンスが精神を病んでいて告白に信憑性がないと考える者もいた。父親のサミュエル・ケントは名うての女たらしで、子守の下働きをするメイドとねんごろになったあとに、子守（サヴィルの母親）にも手を出して結婚していた。

コンスタンスには死刑が宣告された。有罪の評決は一般的に受け入れられたが量刑は物議を醸した。新聞や医者、下級判事が内務大臣に圧力をかけつづけて、ついに死刑の執行を中止させた。コンスタンスは二〇年間服役して、一八八五年に四一歳のときに釈放された。

翌年、コンスタンスはオーストラ

監獄船

イギリスの服役囚がオーストラリアへの流刑に怯えていたとしたら、それ以上に恐れをなしていたのが廃船になった軍艦である。こうした船はウリッジのテムズ川に溜まった泥の中や、ケント州の沖合にあるテムズ川河口に係留されていた。常設の監獄船で、ヴィクトリア時代の監獄の収容スペースの不足を緩和した。「ハルク」とも呼ばれた錆びついた船は、ディフェンス号、サクセス号などと命名されて、長期囚や流刑地に送られるまで待機している罪人で過密状態になった。居住区画には害虫がはびこり、コレラやチフスで命を縮める者も少なくなかった。危険人物は「トラの穴」と呼ばれる鉄格子の檻にまとめて放りこまれた。囚人は作業をする際に下船を許されたが、逃亡はめったになかった。

1848年の監獄船ウォリアー号。船医によると受刑者は収監のために衰弱していて、造船所で働く体力はなかった。

リアに移住して弟のウィリアムと再会した。看護師となり、最後にはニューサウスウェールズの看護師寮の寮母となった。一九四四年に一〇〇歳を迎えて永眠した。

この殺人事件が世に与えた衝撃度を反映して、マダム・タッソーはコンスタンスの蠟人形を作った。ウィルキー・コリンズは一八六八年の著作『月長石』(中村能三訳、東京創元社)の中で、この事件を詳細に紹介している。『月長石』は、しばしばイギリスの推理小説の原点と評されている。チャールズ・ディケンズも事件の背景の一部を、一八七〇年の小説『エドウィン・ドルードの謎』(小池滋訳、白水社)に取り入れた。

リンカーンの死

一八六五年四月、エイブラハム・リンカーンはこの上ない快挙を成し遂げた。アメリカ合衆国第一六代大統領はそれまでの四年間、反旗を翻した南部連合国を相手に南北戦争を戦い抜いてきた。そしてようやく四月三日に、連合国の首都ヴァージニア州リッチモンドが陥落して、その街路を歩いたのだった。それ以上の朗報もあった。四月九日にロバート・E・リー将軍がユリシーズ・グラント将軍に降伏して、戦争が終結したのだ。首都ワシントンは祝賀ムードで興奮のるつぼと化し、リンカーンはホワイトハウスのバルコニーで歓呼に迎えられた。

四月一四日、復活祭前の聖金曜日、大統領は『われらがアメリカのいとこ』を観劇するためにワシントンのフォード劇場を訪れた。大統領が妻ともうひと組のカップルとともにボックス席に現れると、熱狂的な拍手が沸き上がった。それがリンカーンの最期となった。南部のシンパで俳優のジョン・ウィルクス・ブースが背後から忍び寄って、大統領の後頭部に小型拳銃のデリンジャーを発射し、致命傷を負わせたからだ。暗殺者はその直後に舞台に飛び降りると、ヴァージニア州の合い言葉「独裁者はつねにかくのごとし」をラテン語で叫んだ。彼はこのときの衝撃

ジョン・ウィルクス・ブース

リンカーンの暗殺者はメリーランド州生まれで、父親は有名俳優のジュニアス・ブルータス・ブース、兄は高名なシェイクスピア俳優のエドウィン・ブースだった。ジョン・ウィルクスは17歳から芝居の舞台に立ちはじめて、朗々とした声と整った容姿で知られていた。

南北戦争が勃発したとき、家族は合衆国擁護の立場を変えなかったが、ジョン・ウィルクス・ブースは南部を支持した。ただし入隊して戦うことはなかった。南部連合軍が敗れると共謀者を数人集めて、リンカーンを誘拐してその身柄と引き換えに南軍の捕虜を解放させる計画を企んだ。この計画は大統領がスケジュールを変更したために実行されなかった。

そこでブースは、リンカーンとアンドリュー・ジョンソン副大統領とウィリアム・スアード国務長官を暗殺するという大それた計画を決行した。そのうち成功したのはブースだけだった。ひとりの共犯者はスアードの自宅で本人と4人を刺したが致命傷にはいたらなかった。もうひとりは臆病風に吹かれて副大統領の襲撃を中止した。ブースと共謀者のデヴィッド・ヘロルドは、騎兵隊によってヴァージニア州のたばこ乾燥小屋に追い詰められた。するとヘロルドは投降したがブースは出てこなかった。騎兵隊が小屋に火をかけると銃撃戦になり、虫の息となったブースが発見された。ブースは「母に国のために死んだと伝えてくれ。よかれと思ってやったつもりだ」というと、自分の手を見てつぶやいた。「どうしようもない、どうしようもない」

1865年7月7日、リンカーンの暗殺を共謀した4人が絞首刑になった。そのひとり、メアリー・スラットは女性ではじめて米国政府によって処刑された。

で足を骨折している。観客の多くが劇の演出だと勘違いしているうちに、ブースは劇場から逃げ去り、用意しておいた馬で逃走した。

五六歳のリンカーンはその翌朝、劇場近くの下宿屋で息をひきとった。四月二六日に、騎兵隊が納屋にいる暗殺者を発見して射殺したと伝えられているが、自殺だった可能性もある。

ネッド・ケリー

オーストラリア人のネッド・ケリーについての見解は、凶悪な殺人犯と、イギリスの圧制的な支配に戦いを挑んだアイルランド人の英雄のいずれかに分かれる。この点に関して今日のオーストラリア政府は、「偉大な国民的英雄」であると評価している。オーストラリアの歴史上の人物で、これほど本に書かれ歌になった者はいない。ネッドの父親のジョン・「レッド」・ケリーは、カトリック教徒のアイルランド人で、豚二頭を盗んだ罪でオーストラリアの流刑地に追放された。エドワード・「ネッド」・ケリーの母親は、

リンカーンが暗殺されたとき劇場には、ユリシーズ・グラント将軍が随伴するはずだったが、将軍は辞退して子どもに会いに行っていた。

一八七八年のうちに警察官四人に居場所を突き止められると、ケリー・ギャングはふたりを殺害しひとりを負傷させた。その結果一味には八〇〇〇ポンドの懸賞金がかけられた。

一八七八年に警官への暴行容疑で逮捕された［娘を守るためだったといわれる］。それに激高したネッドは、弟のダンとふたりの仲間、ジョー・バイアンとスティーヴ・ハートとともに、人を寄せつけないウォンバット山脈に分け入った。同年そのうちに警察官四人に居場所を突き止められると、ケリー・ギャングはふたりを殺害しひとりを負傷させた。その結果一味には八〇〇〇ポンドの懸賞金がかけられた。

ケリー・ギャングは何度か銀行強盗を働いてから、ヴィクトリア州の小さな町のグレンローアン・ホテルで人質六〇名をとって立てこもった。このときネッドは鋼鉄製の甲冑を身に着けていた。警官隊が到着し銃撃戦が繰り広げられて、警視のフランシス・ヘアーを含めた警官が負傷した。人質は銃撃戦が小休止したタイミングでホテルを出るのを許された。ネッドは腕と親指に傷を負っていたが、退却は可能だった。警官隊はダンとふたりのギャングを殺害したあと、ホテルを焼き払った。夜が白むと、ネッドがふたたび姿を現して警官隊を背後から攻撃しは

ネッド・ケリーは、鉄製のヘルメットで頭を防御して銃撃戦の窮地を脱した。

じめた。三〇分後、ネッドは甲冑で覆われていなかった足を撃たれて取り押さえられた。

ネッドは一八七八年の警官殺しで裁判にかけられ、有罪が確定して死刑判決を受けた。メルボルン監獄にいるあいだに、彼は手紙をしたためて貧しいアイルランド移民に対する差別に抗議している。減刑を求める嘆願運動が起こったが、一八八〇年一一月一一日、二五歳のネッドの絞首刑が監獄内で執行された。絞首台での最後の言葉は「人生なんてこんなものだ」だった。遺体は木箱に収められて囚人用の共同墓地に埋められた。二〇一〇年にDNA鑑定でネッドの亡骸が特定されて、二〇一三年に母親の墓の隣に適切に埋葬された。そこはかつてネッドが恐怖に陥れたヴィクトリア州の田舎町だった。墓荒らしを警戒して、今も墓には墓標が記されていない。

——切り裂きジャック

一八八八年の八月から一一月にかけて、イーストロンドンで娼婦五人が殺害されると、新聞は恐怖を煽る記事

ネッド・ケリーのギャング団は、アン・ジョーンズのグレンローアン・ホテルを最後の砦に選んだ。警察は一味を捕えるためにホテルを焼き払った。

を書き立てた。この恐るべき殺人者を最初に「切り裂きジャック」として紹介したのは新聞社だった［新聞社に送られた犯行声明文で犯人が自称した］。連続殺人事件の記事は、アメリカやほかのヨーロッパ諸国でも読者を釘づけにした。そうした国ではすでに、街中の無政府主義者と革命主義者の数の多さに人々が不安を覚える情勢になっていた。ロンドンの記者の中には、九人の犠牲者をあげる者がいた。警察自体も犠牲者数については確信にいたっていない。殺された娼婦全員が、貧しいホワイトチャペル地区で客を引いていて、喉を切り裂かれ体を切断されていた。犯人は解剖学を心得ている外科医か肉屋ではないかと思われた。

捜査官のあいだで連続殺人の犠牲者としてほぼ断定されていた五人は、八月三一日殺害のメアリー・アン・ニコルズ、九月八日のアニー・チャップマン、九月三〇日のエリザベス・ストライドとキャサリン・エドウズ、一一月九日のメアリー・ジェーン・ケリーだった。犯人はストライドを除く全員の腹を切り開いていた。なかでもケリーの損傷はひどく心臓をもち去られていた。それ以外に摘出されていた臓器は、チャップマンの子宮とエドウズの子宮と左の腎臓である。もうひとりの娼婦、マーサ・タブラムも犠牲者ではないかと考える捜査官もいた。タブラムは八月六日に死亡しているので、そうなると最初の犠牲者になる。

警察は街路に臨時雇いの巡査や警察犬のブラッドハウンドを大量に投入して、何百人という容疑者を連行しては短時間で釈放した。いち早く引っ立てられたひとり、ジョン・ピッツァーは娼婦にしつこい嫌がらせをしていて、報道では「レザー・エプロン」と呼ばれていた。靴屋で革のエプロンをかけていたからだ。捜査官はある犠牲者の網膜の写真まで撮っている。ヴィクトリア時代には、死者の目から最後に見た人間、つまり殺人者の姿がわかると信じられていたからだ。だがそこには何も写っていなかった。

警察が事件に決着をつけて、怯えた大衆をなだめようと必死になっていた最中に、犯人を名乗る者が警察の努力をあざ笑う手紙を送りはじめた。それと同時期に、「地獄より」という出だしの手紙とともに、ホワイトチャペル自警団の団長ジョージ・ラスクのもとに段ボール箱が配達されてきた。中には犠牲者のものだという腎臓の半分が入っており、添えられている手紙に、残りの部分は揚げて食べたが「とてもうまかった」と書かれていた。この手紙は「できるなら捕まえてみるがいい／ラスク氏へ」という挑戦的な言葉で締めくくられていた。

フレデリック・ディーミング

切り裂きジャックは、オーストラリアに渡ってメルボルンの郊外にあるウィンザーに住みついたのだろうか。フレデリック・ディーミングがイギリスで最初に妻と子どもも四人を殺害し、さらにはメルボルンで次

切り裂きジャックの連続殺人事件は、ホワイトチャペルの薄暗い裏通りで起こった。この恐怖の殺人事件を描いたイラストは多い。

THE ILLUSTRATED
POLICE NEWS
LAW COURTS AND WEEKLY RECORD.

No. 1,284. SATURDAY, SEPTEMBER 22, 1888. Price One Penny.

TOWER SUBWAY.
PAY HERE
THIS WILL DO FOR THEM !!
"IS HE THE WHITECHAPEL MURDERER?"

GIN
READY FOR THE WHITECHAPEL FIEND. WOMEN SECRETLY ARMED.

LATEST DETAILS OF THE WHITECHAPEL MURDERS
FORMAN OF JURY
Dr PHILLIPS
BROTHER OF VICTIM
ANNIE CHAPMAN BEFORE AND AFTER DEATH
THE VICTIM LAST SEEN ALIVE
CHEAP LODGINGS
I HAVEN'T THE MONEY FOR MY LODGING
SCOTLAND YARD OFFICIALS WATCHING THE CASE
CORONER
DETECTIVE THICKE
A WHITECHAPEL SLAUGHTER YARD.
PAPER ON WHICH MURDERER WIPED HIS HANDS
LODGING HOUSE KEEPER
HANDKERCHIEF WORN BY VICTIM
THE BLOOD STAINS HANBURY ST.

EXCITING SCENE IN BESTOCK AND WOMBWELL'S MENAGERIE
MORE HORRIBLE MYSTERIES.

イラストレーティッド・ポリス・ニュース紙の一面記事。劇画仕立てで、第2の犠牲者アニー・チャップマンの殺人事件を報じている。

切り裂きジャックの正体

1889年にロンドン警視庁は、有力な容疑者4名の名をあげている。

- アーロン・コスミンスキー、23歳。ポーランド系ユダヤ人でホワイトチャペル在住。精神病院で没した。
- モンテーギュ・ジョン・ドルーイット、31歳。法廷弁護士で教師だったが、自殺した。
- マイケル・オストログ、55歳。ロシア生まれの窃盗犯で、精神病院への入院歴がある。
- フランシス・J・タンブルティー、56歳。アメリカ人の「もぐり」の医者で、猥褻行為で捕まっている。

年月を経るにしたがってほかにも容疑者候補がくわわった。なかでもよく取りざたされるふたりは

- ウォルター・シカート。画家で殺人に魅入られていた。
- アルバート・ヴィクター王子。エドワード7世の息子でヴィクトリア女王の孫。複数の手紙に娼婦から淋病をうつされたと書いている。

の妻も殺害と新聞が詳細に報道じると、この国では多くの者がそう考えるようになった。

レスタシャー生まれのディーミングは、ウェールズ人のマリー・ジェームズと結婚して、一男三女をもうけた。すでにヘレン・マシソンという妻がいて重婚だったことがバレると、マリーと子ども全員を戦斧とナイフで殺害し、暖炉の下に遺体を埋めてコンクリート詰めにした。

一八九一年にはアルバート・ウィリアムズという偽名を使って、新たな妻エミリーとともにオーストラリアに移住した。その直後にセメントと道具を購入すると、今度はミスター・ドゥルーン［英連邦で外科医はドクターではなくミスター］を名乗りはじめた。一か月後のクリスマスの日、ディーミングはエミリーの命を奪い、前回と同様に暖炉の下に埋めてコンクリート詰めにした。そして姿を消したが、ひどい悪臭から家主が遺体を発見した。警察が焼け残った紙にディーミングの本名を発見してイギリス警察に問い合わせると、前にも殺人を犯していることがわかった。殺人犯の逃走中に、新聞は「気狂い(マッド)フレッド［フレデリック］」は切り裂きジャックであると

ディーミングはマリーと子ども全員を戦斧とナイフで殺害し、暖炉の下に遺体を埋めてコンクリート詰めにした。

いう、センセーショナルな記事を掲載した。一方その頃ディーミングはスワンソン男爵と偽って、別の女性と結婚しようとしていた。警察はその女性への手紙を入手しウェスタンオーストラリア州まで追跡して、ここでディーミングを逮捕した。列車に乗せて護送すると、群衆が沿線に鈴なりになって「人殺し！」「切り裂きジャック！」と罵声を浴びせた。

ディーミングの裁判は国際的に大々的に報道されて、イギリス、南アフリカ、アメリカの新聞の大見出しを飾った。判決は有罪で死刑が確定した。ディーミングはメルボルン監獄で、自分が切り裂きジャックだと主張する本を執筆したが、警察はジャックの犯行時にディーミングがロンドンにいたという話は信憑性が低いと考えた。一八九二年五月二四日、三八歳のディーミングの刑が執行された。

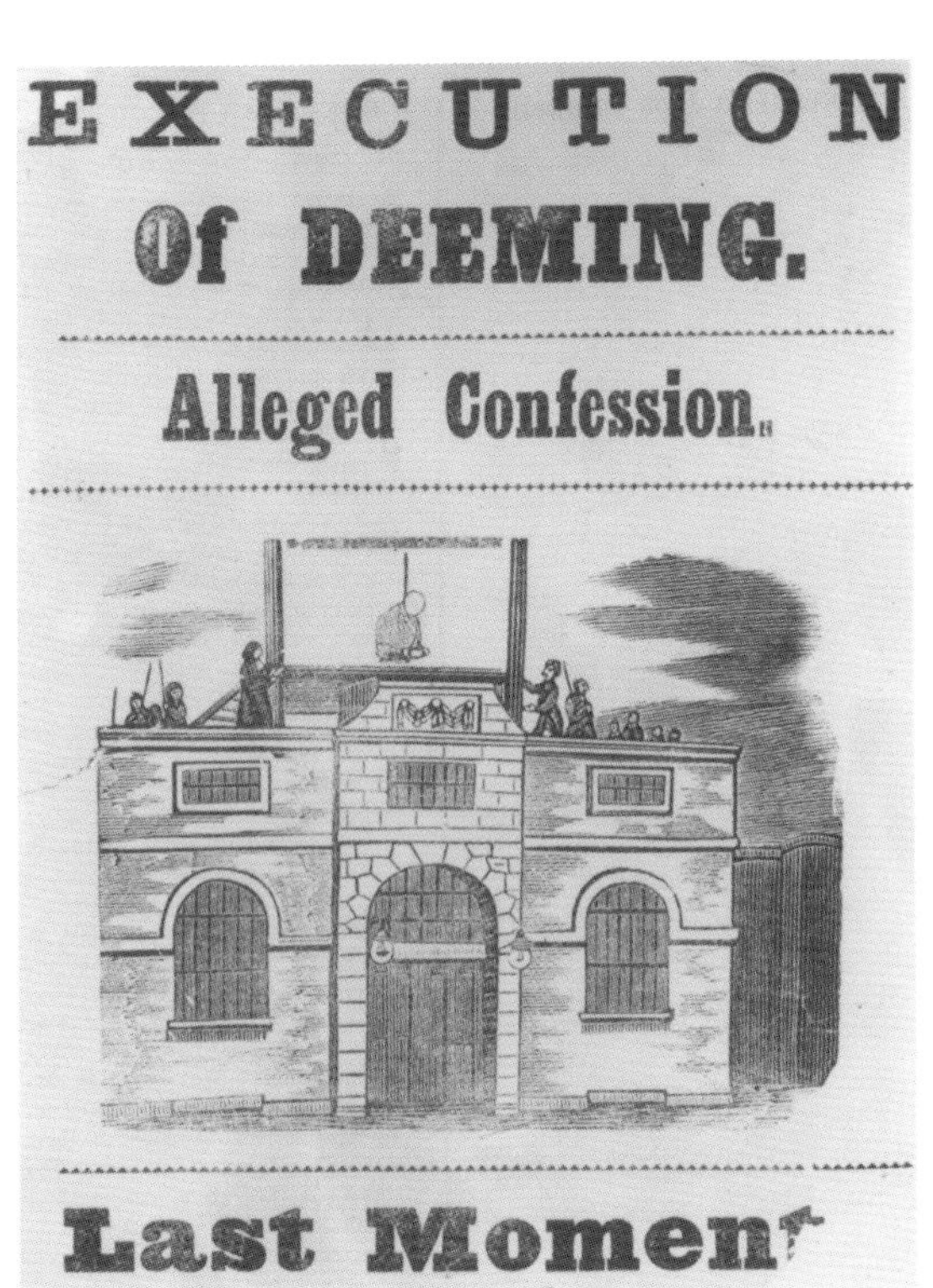

フレデリック・ディーミングの処刑の様子は新聞や小冊子、イラストで伝えられた。デスマスクはロンドン警視庁に長年保存されていた。

ランベスの毒殺魔

連続毒殺魔のトマス・ニール・クリーム博士は、カナダ、アメリカ、イングランドとおそらくはスコットランドで女性を殺害している。生まれは英グラスゴーだが、カナダで育った。モントリオールとロンドンで医学を学んだあと、ロンドンとオンタリオで開業した。一八七六年には結婚したが、翌年妻はクリームによる妊娠中絶手術のあとに死亡している。一八七九年にはカナダで妊娠中の恋人がクロロホルム(クリームの大学の学位論文のテーマ)で殺された。

殺人罪で告発されるとシカゴに逃亡し、ここで娼婦相手に違法な中絶手術をしていた。犠牲者四人のうちふたりはストリキニーネの中毒死だった。クリームは死亡にいたる調剤をしたとして薬剤師を恐喝している。唯一の男性の犠牲者ダニエル・ストットは、一八八一年にクリームと不倫関係にあった妻にストリキニーネで毒殺された。この女が収監を免れようとしてクリームを共犯者として申し立てたために、クリームは有罪になり終身刑を言い渡された。クリームの家族が役人を買収したのが功を奏して、一八九一年には釈放された。

ロンドンに舞い戻ったクリームはランベスで開業すると、二週間もしな

よりどりみどりの毒薬

ヴィクトリア時代は、個人で使用できる毒薬の黄金期だった。猛毒であっても壁紙や生地、絵画といった日用品の多くに使用されているので、規制するのは難しかった。おかげで殺人者にとっては豊富な選択肢があった。無味無臭のヒ素は毒殺に多用された。化粧品の材料としても使われたので入手が容易で、服用後食中毒に似た症状を示すために犯行がバレにくい。青酸カリはどこにでもあり、即効で息の根を止められた。よいことずくめだが、警察に死因を特定されやすいのがデメリットだった。殺人者のあいだでストリキニーネの人気が衰えなかったのは主に、誰でも害獣駆除のために気軽に購入できたからである。

1849年のパンチ誌の風刺漫画。毒薬を簡単に購入できることを、軽いタッチで描いている。

いうちに殺人に手を染めた。一八九一年一〇月に娼婦ふたりが、翌年の四月にさらにふたりがいずれもストリキニーネ中毒で亡くなっている。クリームはさまざまな偽名で医者を恐喝して、殺人罪で告発すると脅した。この殺人犯を新聞は「ランベスの毒殺魔」と呼んだ。クリームが最有力容疑者と目されたのは、ニューヨークの警察官が訪れたときに、犠牲者の詳細な説明をしたからである。ロンドン警視庁がシカゴ警察に連絡すると、前科が明らかになった。クリームはその後致命的なミスを犯す。警察にルイーザ・ハーヴィーを殺したのは誰だか知っていると告げたのだ。ルイーザがクリームから与えられたストリキニーネ入りの薬を吐きだしていたので、まだ生きているとは知らなかったのだ。

一八九二年六月三日、クリームは逮捕されて四人の殺人の罪で告発された。するとこの男は自分はトマス・ニール博士であって、トマス・ニール・クリーム博士ではないと主張した。一〇月二一日、クリームの死刑が確定し、一一月一五日、ニューゲート監獄で絞首刑が執行された。

ジョゼフ・ヴァシェ

ヴィクトリア期のフランスにも連続殺人犯はいた。「フランスの切り裂き魔(フレンチ・リッパー)」の異名をもつジョゼフ・ヴァシェである。この残忍で狡猾な男は、一八九四年から一八九七年のあいだにフランスの農村部で殺人を重ねた。犠牲者の数はロンドンの切り裂きジャックより多い。ホワイトチャペルの連続殺人の報道と同様に、フランスの新聞が伝えたこの恐ろしいニュースは、ヨーロッパ全土とアメリカを駆け巡った。

元兵士のヴァシェは、少なくとも一一人、多くて二七人の男女を惨殺している。切り裂きジャックと同じ異常性欲のもち主だったが、ロンドンの連続殺人とは違って女は娼婦ではなかった。一八九四年五月二〇日に最初の犠牲

Neuvième année. — N° 455. Huit pages : CINQ centimes Dimanche 24 Octobre 1897.

Le Petit Parisien

TOUS LES JOURS Le Petit Parisien 5 CENTIMES

SUPPLÉMENT LITTÉRAIRE ILLUSTRÉ

DIRECTION: 18, rue d'Enghien, PARIS

TOUS LES JEUDIS SUPPLÉMENT LITTÉRAIRE 5 CENTIMES

LE TUEUR DE BERGERS

ロンドンのジャーナリストが切り裂きジャック事件を報じたのと同じように、フランスの新聞もジョゼフ・ヴァシェ事件を恐怖を煽るように書き立てた。

者となったウージェニー・デロームは二一歳で、フランス南東部のボールペール近辺の工場で働いていた。デロームは絞殺され、首を刺されて右胸を切り刻まれていた。その後の犠牲者は農場で働く若者だったので、新聞は「年若き羊飼いの殺人者」と称した。犠牲者の中にはヴィルプレーヌ公爵という著名人もいた。公爵はフランス南西部の自分の庭園を散歩していて命を奪われていた。

ヴァシェを追い詰めたのは、ベレーの町の検察官エミール・フルケだった。フルケは連続殺人の一定の手口と関連性にはじめて気づいた人物だった。というのも犠牲者はすべて喉を掻き切られて切り刻まれていたからである。ときにはそれが息のあるうちに行なわれていた。

フルケはその後多角的な目撃証言を集めて、初期のプロファイリングの手法で犯罪者像を作り上げた。ヴァシェはハバナに逃走していたので、フルケは逮捕すべくそのあとを追った。

ブールカン゠ブレスでの裁判で、ヴァシェは潔白の象徴として白いウサギの毛皮の帽子をかぶっていた。不運なことに、被告と対決したアレクサンドル・ラカサーニュ博士は、科学捜索の草分け的存在で、犯罪心理学の専門家だった。博士はヴァシェの手口と精神構造の特徴を述べて、被告が自殺未遂のために精神病院に収容されて、退院から一か月後に最初の犯行を行なっていたとしても、精神異常ではないとして被告の主張を否定した。有罪になったヴァシェは一八九八年一二月三一日に、二九歳で断頭台で処刑された。

アメリア・ダイアー

イギリス最悪の連続殺人犯、アメリア・ダイアーは、当初赤ん坊好きで母親に親切な女性のように思われていた。悪の道を歩みはじめたのは、ブリストルにいた一八六〇年代末である。またここでは精神病院に二度収容されアメリアは赤ん坊を餓死させたほか、絞首、窒息、麻薬の使用で殺害した。

ている。ダイアーは「未婚の母の家（ベビーファーミング）」を始めて、未婚の母に隠れ家を提供し、退去時に生まれた新生児を引き取っていた。ヴィクトリア時代にはこのようなことがよく行なわれた。だがこの女は赤ん坊を餓死させたほか、絞首、窒息、麻薬の使用で殺害した。また幼児の里親にもなってやはり子どもを殺した。一九世紀には子どもが幼くして命を失うことは珍しくなかったが、それでもダイアーが世話する子どもの死は官憲の目を引いた。育児放棄で告発されたダイアーは、一八七九年に半年間服役した。一八九五年には犯罪ビジネスの拠点をレディングに移す。このときは子どもの養子縁組みをするといって、貧しい親から紹介料を取った。以前と同じく、子どもは殺害した。

一八九六年三月三〇日、テムズ川ではしけの船頭が乳児の遺体を引き上げた。ヘレナ・フライというその乳児は白いテープを首に巻きつけられていた。遺体はレンガの重しとともに小包の紙袋に入れられていた。この包装紙にダイアーの離婚前の名前と住所を記した文字の痕跡があった。これを手がかりに、警察はレディングのケンジントン通りにあるダイアーの家にたどり着いた。この家では養子縁組み詐欺の証拠が見つかり、ダイアーが逮捕された。テムズ川ではさらに多くの幼児の

2017年にとある屋根裏で、赤ん坊の遺体を包んでいた小包の紙と紐が発見されると、アメリア・ダイアーの名前がふたたび注目を浴びるようになった。

遺体が見つかった。神の怒りを恐れてこの女は犯した罪を白状して、警察に手にかけた赤ん坊は、首を絞めるのに使った「首のまわりのテープ」で名前がわかると告げた。

この「貰い子殺人」の裁判は、殺された乳幼児の数が四〇〇人と推定されると大反響を引き起こした。新聞はダイアーに「天使製造者」というあだ名をつけ、ダイアーの歌も歌われた。本人は精神異常を申し立てたが認められなかった。一八九六年六月一〇日、五七歳のアメリア・ダイアーはニューゲート監獄で絞首刑になった。この事件をきっかけに、政府は養子縁組みの監督と児童福祉法の強化に乗りだした。

ミニー・ディーン

ニュージーランドにも「貰い子」殺人犯はいた。ウィラマイナ・「ミニー」・ディーンは、スコットランドのグリーノックで生まれて、一八六二年にはニュージーランドに移住していた。ミニーの娘のエレンは鬱

一八八九年に生後二か月の乳児が最初に死亡すると、その二年後に生後六週間の乳児が亡くなった。

THE CONDEMNED CHILD-MURDERER.

[BY TELEGRAPH.—PRESS ASSOCIATION.]

INVERCARGILL, 7th August.

Minnie Dean is to be executed next Monday morning.

The Southland Times states that the doomed woman was informed of the decision of the Executive on Saturday afternoon.

ミニー・ディーンは絞首台で「神よ、わたしを苦しませないでください」と祈った。このときは即死だったと記録されている。

竹の笞罪（ちざい）

ヴィクトリア期には、極刑は、西洋の絞首刑からアジア諸国の斬首まで、ひろく世界中で実施されていた。中国人はそこにさまざまな形の体刑をくわえている。たとえば責め道具を使っての拷問や、竹の鞭での殴打といった一般的な刑罰である。後者の例では、咎人は按察使（あんさつし）（地方行政官）の前に強制的にひざまずかされる。この按察使が鞭打ちの回数を専断した。どのような身分であっても、竹の鞭打ちを免じられることはなかった。ささいな違反をした者への最少の殴打回数は5回。最多の100回は、誤診をした医者と皇帝の宮廷で騒ぎを起こした召し使いにのみ適用された。

中国政府の属官でさえ毎年吟味を受けて、仕事に改善が見られない場合は40回鞭で打たれた。

病になって、子どもふたりと井戸に飛びこみ無理心中している。ミニーは一八八〇年代末から、サウスランド地方の小さな町、ウィントンの自宅で「ラーチズ」という名の有料託児所を開いた。同時に預かっていた子どもの数は多くて九人。一八八九年に生後二か月の乳児が最初に死亡すると、その二年後に生後六週間の乳児が亡くなった。検死ではミニーの保育に落ち度はないとされたが、託児環境は不適切だった。

それでも警察が行動に目を光らせはじめたので、ミニーは託児所の宣伝に偽名を使うようになった。一八九五年五月二日、列車に乗りこんだミニーに車掌が気づいた。電車の往路では赤ん坊を連れ重そうな帽子箱をもっていたのに、復路では帽子箱しかなかった。警察は沿線を捜索したが赤ん坊は見当たらない。そこでさらにミニーの家の庭を掘り返すと、乳児のドロシー・カーターとエヴァ・ホーンズビーの遺体と、四歳の男の子の白骨死体が見つかった。ミニーのドロシー殺害容疑の裁判は、その年のうちの六月一八日にインヴァーカーギルで開始された。ドロシーの死因はアヘンチンキの過剰投与だった。この麻薬は幼児を落ち着かせる薬として使われていた。弁護人は過失致死による事故死を主張したが、ミニーは有罪判決を受けた。その弁護士でさえのちに、彼女の憎々しい行動について次のように書いている。「客車に穏やかに取り澄ましてすわっているその足元には、小さな遺体を入れたブリキの箱がある。もうひとつの遺体はショールで覆い隠して、頭上の手荷物棚にスーツケース用のベルトで固定している」

一八九五年八月一二日、インヴァーカーギル監獄でミニーの絞首刑が執行された。ミニーはしっかりした足取りで絞首台に向かい、「わたしは無実です」とだけいい残した。ニュージーランドにはほかに処刑された女性はいない。

ドレフュス事件

アルフレッド・ドレフュスは、フランスの裕福なユダヤ人織物製造業者の家で生まれ育った。軍に入隊して、一八八九年には陸軍省の大尉となった。一八九四年、ドレフュスはドイツのスパイとして逮捕された。裁判では根拠の薄弱な証拠にもとづいて裁かれ、一二月二二日に反逆罪が確定して終身刑を宣告された。軍の階級は剝奪され、象徴的行為として剣をへし折られた。一八九五年四月一三日、悪魔島に送られる。南米のフランス領ギアナの沖合にあるこの島には、フランスの悪名高き監獄があった。

ドレフュスの裁判は疑惑に満ちていた。フランスの新聞と反ユダヤ感情をもつ大衆の多くは、ドレフュスはフランスに背信的なユダヤ人の典型だと騒ぎたてた。ところが有罪の決め手となった手紙が別の将校によって書かれていて、その人物が後の裁判で無罪になったことがわかった。

多くの人々が裁判の偽証を問題視した。その中には著名な小説家エミール・ゾラや、ジャーナリストで政治家でもあり、第一次世界大戦中に首相となったジョルジュ・クレマンソーもいた。一八九八年、ゾラが書いた公開質問状がクレマンソーの主宰する新聞に、「わたしは弾劾する」という見出しとともに掲載された。弾劾の対象は、ドレフュスの冤罪の事実を隠蔽する陸軍大臣だった。ゾラは裁判にかけられ文書誹毀罪で有罪になって、一年の懲役と三〇〇〇フランの罰金刑を科せられた。

一八九八年、ドレフュスを罪に陥れた手紙を書いた少佐が、捏造を告白して自殺した。その翌年、ドレフュスは悪魔島から戻されて軍法会議の再審を受けたが、一八九九年九月九日にふたたび有罪判決を受けた。フランスの新大統領は特赦を与えたものの、彼に不信の目を向ける者は多かった。一九〇二年、ゾラの葬儀に参列したドレフュス

フランスの新聞が、いかにも屈辱的なアルフレッド・ドレフュスの挿画を載せている。だがその10年後には、同じ新聞が無罪を伝えることになった。

悪魔島

歴史上ひときわ悪名を馳せた監獄の島、悪魔島。この小島は南米北東岸にあるフランス領ギアナの沖合に浮かんでいた。1854年にナポレオン3世により、フランスの反逆者や政治犯、凶悪な服役囚を収容するために設立された。囚人は重労働を科せられた。アルフレッド・ドレフュスはここでの4年半を独房で過ごしている。1953年に悪魔島の監獄が閉鎖されるまで8万人以上が収監された。それまでに約5万人が疫病、重労働、貧しい食事、断首刑で命を落としている。また脱走の途中に溺死したりサメに食われたりした者もいた。

悪魔島の監獄の跡地にはしばらく一般人は入れなかったが、現在は見学ツアーが組まれている。

は、暗殺されかけて負傷した。一九〇四年には再再審が行なわれて無罪となった。議会は軍籍を回復させて、フランス最高位のジオンドヌール勲章を授けた。ドレフュスは第一次世界大戦中も戦列に立っている。この事件は、反ユダヤ主義に反抗する運動に火をつけたが、何年ものあいだ、右翼の国家主義者と左翼の自由主義者とのあいだで国を真二つにする結果になった。

リジー・ボーデン

リジー・ボーデンは斧をもって、母親に四〇回、父親に四一回振り下ろしたのだろうか。子どもの歌にはそう歌われているが、現実に断言するのは難しい。動機はあったようだ。というのも父親のアンドリューと義母のアビーは財力があり、リジーと妹のエマに嫌われていたからだ。この姉妹はともに三〇代リジーは、父親が寝ていたソファでめった切りにされているのを発見したあと、メイドのブリジット・サリヴァンに知らせた。

で、米マサチューセッツ州フォールリヴァーの小さな町で、その当時も親の家に同居していた。一八九二年八月四日に両親が惨殺されたとき、姉妹は三〇万ドルほどを相続することになっていた。これは今日の八億ドルに相当する。

　エマは殺人があったとき在宅していなかったので、リジーが最有力容疑者となった。リジーは父親が寝ていたソファでめった切りにされているのを発見したあと、メイドのブリジット・サリヴァンに知らせた。義母も客室で切り刻まれていた。食中毒から回復しつつあったサリヴァンはしばらく容疑者候補にあり、この家に泊まりに来ていたリジーの実母の弟、ジョン・モースにも嫌疑がかかった。殺害の時間帯にモースは外出していたので、リジーが一週間後に殺人の容疑で逮捕された。警察が注目したのは、リジーが不自然なほど平静だったこと、家に押し入られた形跡がなかったことで

リジー・ボーデンは底意地の悪い父親に長年苦しめられていた。父親はかつてリジーの可愛がっていたハトをすべて斧でめった切りにして殺している。

ある。

　リジーは一八九三年六月五日の「世紀の裁判」が開始されるまで、獄中で一〇か月間待たせられた。「口ひげをたくわえた」陪審員一二名には、被告を殺人に直接結びつける証拠は示されなかった。一時間半後、無罪の評決がくだされた。リジーは歓喜の叫びをあげて椅子に沈みこむと、両手で顔を覆ってもう一度叫んだ。この評決は国中で世論を二分した。大多数が狂乱状態になったリジーがふたりを殺害したのは間違いないと感じていた。ほかの者はそれと同じくらい確信をもって、中上流階級の良家の淑女が、そのような陰惨な犯罪を実行できるわけがないと考えた。ほかに真犯人として告発された者はいなかった。

リジーの裁判を傍聴した地元住民の多くは、被告は有罪だと思ったが、陪審員はたった1時間半で無罪の評決を出した。

リジーは被疑者になったことを恥じる様子もなく、メープルクロフトにあらたに豪邸を購入して、一九〇四年まで妹と住んでいた。その翌年にはリズベスに改名する。それでも教会では地元民に避けられつづけたし、豪邸には子どもに卵や石を投げつけられた。

裁判から一か月もすると、子どもがこのような歌詞を口ずさむようになった。「リジー・ボーデン斧を手に取り／母さん四〇回めった切り／それ見たことかと今度は父さん／四一回めった切り」一九二七年、リジーは六七年の生涯を閉じた。惨劇の屋敷は現在リジー・ボーデン・ベッド・アンド・ブレックファースト・ミュージアムとなっており、多くの犯罪マニアやゴーストハンターを呼び寄せている。

バラクラヴァの戦いでは、
英国軍の誤解から「軽騎兵旅団の突撃」が行なわれ、
騎兵がロシア軍の火砲の餌食になった。

第五章

帝国

Empire

一九世紀には未曾有の発展を遂げたヨーロッパ列強が、二世紀にわたる海洋探検と植民地戦争の成果を強国にすべく軍を動かした。遠方の領土を確定し支配するために互いにしのぎを削る戦いが一段落すると、列強は植民地での体制強化に取りかかった。

防御の弱い未開の地を占領すると、多くの利点が生じた。需要が多くて入手困難な原材料を横取りできたために、不平等な通商協定の締結で入植者の懐が潤った。また、本国の商品を売りこむ市場も開拓できた。発見された財宝や考古学的遺物は、当然のごとく侵略者にもち去られた。海外領土はまた軍事拠点としても有用だった。そのよい例が、一八四一年にイギリスが占拠した香港である。ただし植民地の冒険的事業は危険をはらんでもいた。南北アメリカ大陸を植民地化しようとしたスペインは、一八九八年の米西戦争で最終的に手痛い敗北を喫している。体制作りに成功した植民地は、地元民にある程度の自由と自治を許した。だがインドでイギリスが経験したように、そうした地域も不満分子と反乱者に悩まされていた。

海洋の支配

イギリスが植民地を獲得した方法は一様ではない。多くの場合は、勅許会社が先行して事業を展開したあとに領

1850年の大英帝国の地図。イギリスの国旗の下にある世界各地の植民地と多様な民族が描かれている。

土化された。東インド会社、ハドソン湾会社、イギリス南アフリカ会社といった民間の勅許会社は、女王の勅許を得て設立されている。五大陸のどこに行ってもイギリスの役人、兵士、入植者の姿があった。「大英帝国で日の没することなし」というのは、イギリスの驕りを表した言葉だった。

一八三七年にヴィクトリアが戴冠したとき、イギリス海軍が頼っていた戦力は帆船だった。一八〇五年にネルソン提督がトラファルガーの海戦に勝利したときと大差ない艦艇である。ところが女王の治世のあいだに装甲艦が出現して、タービン機関や砲塔、魚雷が発明された。イギリスの圧倒的な制海権は、ナポレオン戦争後から第一次世界大戦まで維持された。一九世紀の英国海軍の平均的な規模は五万二〇〇〇人。第二位、第三位の国の海軍を合わせて対等になるほどの戦力だった。

女王の遠方の植民地は、英国海軍がなければ実質的に維持できなかったろう。その威容を誇る艦隊は、実のところ恐怖を利用して支配していた。大規模な海戦は起こらず、怒りにまかせた砲撃もなかった。たまには一八五六年に広東、一八八二年にカイロを下したときのように、敵の都市に砲弾を撃ちこむことはあった。海軍の価値の大半は兵員輸送にあったといってよい。それはクリミア戦争(ロシア海軍の黒海艦隊を破っている)やインド大反乱、ボーア戦争のときも変わらなかった。戦況によっては海軍陸戦隊が上陸して、陸軍と肩を並べて戦うこともあった。また北アフリカの沖合や南シナ海で海賊と交戦することも、中国や日本などの外国の市場を開放させる圧力になることもあった。世界の称賛の的となった艦隊は、奴隷船の特定と拿捕のためにわざわざ出動までしている。またこの海軍にはそれ以外にも、海洋調査という価値ある目的があった。その功績から海図が作成されて、新たな航路と海岸が探索されている。


「大英帝国で日の没することなし」というのは、イギリスの驕りを表した言葉だった。

北西航路

一八四五年、ジョン・フランクリン大佐は旗艦エレバス号とテラー号を率いて海洋探検の旅に出た。目的は大西洋と太平洋をつなぐ北西航路の開拓である。一八四六年九月一二日、二隻の船と乗組員は、厚い海氷に囲まれて身動きできなくなった。総勢一二九名の探検隊は跡形もなく姿を消した。この事故はイギリス海軍の極地探検史上、最悪の惨事となった。捜索隊の派遣は一一年後には打ち切られて、海軍に海より深い未解決の謎を残した。

二〇一四年、エレバス号の位置が水中考古学者によって特定され、その二年後にテラー号が見つかった。キングウィリアム島では、石塚にはさまっていた乗組員の手書きのメモが発見された。一八四八年四月二五日の日付のあるメモには、船を三日前に捨てた、フランクリンはその前年の六月一一日に亡くなったと記されていた。またその当時生き残っていた水夫一〇五人を指揮していたのは、クロージャーという将校だった。一行は探検家ジョージ・バックの発見したグレートフィッシュ川(現バック川)沿いに進んで、ハドソン湾会社のある安全な場所にたどり着く計画でいた。だがその消息はいまだに謎に包まれている。

アヘン戦争

ヴィクトリア時代のイギリスは、中国の清王朝を相手に二度戦争を起こしている。最初は一八三九〜四二年にイギリスが単独で、次は一八五六〜六〇年に英仏連合軍として戦った。どちらの軍事衝突も西欧軍の勝利で終わっている。清王朝は猛攻を受けて弱ったのにつけこまれて、領土の割譲と通商権を認めた。中国で一六四四年に開いた清王朝は、一九一二年、ついに崩壊する。

中国とイギリスが拳を突き合わせた原因は貿易だった。イギリスは貿易の制限と高い輸入関税の撤廃を望んでいた。一方、中国は自由貿易協定の

1841年、英国軍が香港を占領した。香港は英国の支配下で急速に重要な貿易の中心地となり、1997年に中国に返還された。

アロー号の船主は中国人で、イギリスの国旗を掲げる登録をしていた。ただし事件の何日も前に有効期限は切れていた。

締結を避けたがっていた。この意見の食い違いはやがてアヘン貿易へと焦点を移していく。この貿易に積極的だったのは、主にイギリス人だった。イギリス人は麻薬をインドから船で輸送して、それと引き換えに中国のお茶を手に入れていた。おかげで中国のあらゆる階層で中毒が蔓延したために、経済と社会に深刻なダメージが生じた。一八一九年にヴィクトリア女王が誕生した頃には、外国人の手を経て年間五〇〇〇万ポンド相当のアヘンが、中国の三〇〇〇万人近いアヘン使用者に届けられていた。道光帝の息子がアヘン中毒で落命すると、中国政府はアヘンの輸入を禁じてアヘン窟を閉鎖した。一八三九年、広州の取り締まり当局は、二万箱に入っていた一四〇〇トンのアヘンを押収して焼却した。

本格的な武力衝突に発展したのは一八四〇年六月だった。イギリス艦隊はまず香港に到着して珠江をさかのぼり、広州で講和交渉を開始した。一八四一年五月、交渉が決裂すると、英艦隊はこの港湾都市を襲い占拠した。イギリスはほかの場所でも勝利を収めている。なかでも八月の南京攻略は八月二九日の南京条約の締結につながった。この条約で清王朝は香港の割譲と上海などの貿易港の開港、没収したアヘンに対するイギリス商人への賠償金の支払いを強いられた。一八四三年一〇月八日の追加条約では、イギリスに最恵国待遇が認められて、英国民をイギリスの裁判所で裁けるようになった。その翌年には、フランスとアメリカも同等の条約を締結している。

アロー戦争とも呼ばれる第二次アヘン戦争は、一八五六年一〇月に勃発した。この騒乱はイギリス船籍のアロー号に、広州の中国人官憲が乗船したことに端を発している。官憲は中国人乗組員をアヘンの密輸容疑で逮捕して、英国国旗を下ろしたと伝えられた。イギリスの軍艦はその仕返しに広州に砲弾を浴びせた。一二月、広州の中国人が夷狄の商館に火をつけた。フランスはこの国で宣

アヘン貿易王

ふたりのスコットランド人、ウィリアム・ジャーディンとジェームズ・マセソンは、インドから中国にアヘンを海上輸送して富を蓄積した。ふたりはエディンバラ大学を卒業後に会社を創立して、快速帆船(クリッパー)のアヘン船団を運航した。ジャーディンは中国が2万箱のアヘンを焼却したと聞くと、すぐさまヘンリー・パーマストン外務大臣と面会して、地図などの中国に関する資料を見せて、行動を起こすよう圧力をかけた。歴史学者はこのスコットランド人ふたりをアヘン戦争の影の火付け役としている。

エディンバラ大学医学部で学んだウィリアム・ジャーディンは、はじめイギリス東インド会社の船医として働いていた。

教師が殺害されたことに激怒しており、イギリスと手を組んで出兵した。この時期、インド大反乱が起こったために、イギリスの兵員輸送は後手にまわっていたのだ。

一八五七年、英仏連合軍は広州を制圧して地方長官の両広総督を交替させた。一八五八年四月、連合軍は天津に到達するとさらなる条約の締結を迫って、西洋人商人に開かれる貿易港の追加と、外国公使の北京駐在、キリスト教宣教師の旅行の自由を認めさせようとする。のちに結ばれた条約では、アヘンの輸入が合法化された。

一八五九年六月、平和は砕け散った。海河の河口にある大沽砲台から中国軍が英艦隊を砲撃したのだ。英国軍の側に多数の死傷者が出た。中国は天津条約の批准をも拒んだ。すると一八六〇年八月、規模を拡大した英仏艦隊がこの砲台を粉砕した。さらに翌月には北京を攻め落として皇帝の離宮を焼き打ちにした。観念した中国は戦争を終結させるために条約を締結して、香港の隣に位置する九竜半島をイギリスに割譲した。

アフガン戦争

ヴィクトリア女王の治世下でアフガニスタンとの戦いは二度あった。イギリスはアフガニスタンにロシアが影響力を強めるのを警戒して、インドの総督府軍を投入してこの隣国への支配を固めようとした。アフガン王ドースト・ムハンマドはふたつの大国を張り合わせており、ムハンマドへのイギリスの不信感がこの紛争の触媒となった。インド総督のオークランド卿は、追放されたアフガン王のシャー・シュジャーを復位させるべく侵攻を命じた。この侵攻軍はカブールまで順調に行軍して、一八三九年八月にシュジャーを王位に据えた。イギリスの強引なやり口に反発して暴動が起こると、脱獄したドースト・ムハンマドが信奉者を率いて、一八四〇年一一月二日にパーワンでイギリス軍と衝突した。その翌日、ムハンマドはカブールで降伏して、家族とともにインドに追放され

1879年にカブールの英国駐在官邸が襲撃されると、インドの総督軍が反撃に出て、王は退位に追いこまれた。

た。

だが反乱は収まらなかった。一八四二年一月六日には、イギリス兵とインド兵から成る四五〇〇人規模の部隊が、インドに帰還する途中でアフガン人の待ち伏せ攻撃に遭い、カイバル峠でほぼ全滅している。

アフガニスタンへのロシアの影響力は強まりつづけて、ついには第二次アフガン戦争が勃発した。王位にあったドーストの息子シェール・アリー・ハーンは、ロシアの将軍をカブールに喜んで迎えたが、イギリス大使の入国を拒んだ。それがイギリスの我慢の限界となった。一八七八年一一月二一日、インド総督のリットン卿が再度侵攻を開始。シェール・アリーは逃亡し、翌年亡命先で死亡した。イギリスがカブールを占拠するなか、王を宣したのはその息子である。新王はイギリス使節の駐在を認めた。イギリスの助言を受けながら外交をするとも約束した。一八七九年九月三日、イギリスの使節と随員がカブールで殺されると、総督軍が舞い戻り王位を廃した。一八八〇年にはシェール・アリーの甥が戴冠して、イギリスとロシアがアフガニスタンの新たな境界線を定めた。

第三次アフガン戦争はヴィクトリア女王の死後に起こった。このときの王アマーヌッラーは、イギリスからの独立を宣言して一九一九年に戦いを挑んだ。ただし決着がつかないまま、その年のうちに講和条約を結んでいる。

アイルランドのジャガイモ飢饉

グレート・ブリテンおよびアイルランド連合王国、つまりイギリスの一部を成すアイルランドは、イギリス議会で利害が反映されにくく、なおざりにされていた。イギリスの統治下でアイルランドの穀物作りは制約を受けていた。そのため農民の食用に栽培できる選択肢は、唯一ジャガイモだけだった。一八四五〜四九年、植物に寄生する病原菌のためにジャガイモが不作になると、一九世紀のヨーロッパで最悪の飢饉となり、おびただしい餓死者が出た。飢えと疫病での死者数はざっと百万人に達した。人口の八分の一が減少したのである。

アイルランドの農民の多くはジャガイモ飢饉のはるか前から、耕作地の狭さのために貧困に苦しんでいた。

イギリス政府は、飢餓対策としてアメリカからのコーンミール(トウモロコシ粉)の輸入を許可した。がその一方で、アイルランドからイギリスへの穀類の輸出は継続させた。一八四七年には三〇〇万人もの人々が、無料食堂(スープ・キッチン)で食事にありついている。貧民救済策は講じられたものの、農民は地代を払えなくなり地主から立ち退きを命じられた。地主の多くがイギリスにいる不在地主だった。小自作農は土地を手放すはめになり、そうした土地が少数の地主によって統合整理されて大規模農場となった。

アイルランドでは飢饉のために、一八四四年に八四〇万人だった人口が、一八五一年には六六〇万人に減少した。

イギリスの世論は必ずしも同情的ではなかった。飢饉をアイルランド人家族の子だくさんのせいにする論調もあった。イギリス政府は救済措置に八〇〇万ポンドを支出したが、アイルランドからの食物の輸入は依然として継続させた。そのため地元では地方自治を求める声が高まった。アイルランド人の中には、イギリスがわざと飢饉の被害を拡大させていると感じる者もいた。およそ二〇〇万人のアイルランド人が、主にアメリカとイングランドに移住してい

義援金の送り主

アイルランドが飢饉に見舞われると、イギリスをはじめ、世界中から金銭的援助が寄せられた。国家的規模の災難のために善意の募金集めが国際的に行なわれたのは、これが初めてである。ヴィクトリア女王は、個人の寄附者の最高額2000ポンドで思いやりを示した。真っ先に募金を提供したのはインド、カルカッタ在住のイギリス人市民で、その額は1万4000ポンドにのぼった。アメリカ先住民のチョクトー族は174ドルを送金した。そのほかにも寄附は、米大統領のジェームズ・K・ポーク、米連邦議会議員のエイブラハム・リンカーン、ローマ教皇ピウス9世、ロシア皇帝アレクサンドル2世から届いている。またニューヨークの孤児院からの2ドル、ロンドンの監獄船の服役囚が集めた少額と、貧しい人々からも義援金は寄せられた。

る。一八四四年に八四〇万人だった人口は、一八五一年には六六〇万人に減少した。一九二一年にアイルランドが独立を果たしたとき、人口はさらに半減していた。

クリミア戦争

一八五四年、総勢一二万五〇〇〇人の英仏連合軍が、トルコ軍とともにクリミア半島の黒海沿岸に侵攻した。ロシアの領土拡張を阻止するためである。イギリスとフランス、ロシアはかねてからトルコへの影響力を強めようとして争っていた。トルコ人はベツレヘムの聖地をオスマン帝国の領土として管理していた。カトリックのフランスとギリシア正教のロシアもその管理権をほしがっていた。一八五三年、このことに端を発してベツレヘムで暴動が起こり、その中でフランスの修道士がギリシア正教の修道士数人を殺害した。するとロシアの皇帝ニコライ一世は、トルコを「ヨーロッパの病人」と呼んで非難した。

一八五三年七月二日、ロシアがモルダヴィアに侵攻。一一月四日には黒海でトルコ艦隊を殲滅した。一八五四年三月、英仏はロシアに対して宣戦布告をすると、トルコ軍とともにセヴァストポリを目指して兵六万を進撃させた。この混成軍はまとまりを欠いていた。ラグラン男爵フィッツロイ・サマセット陸軍元帥からして、イギリス軍を指揮しながら友軍のフランスをしばしば「敵」と呼んだ。かつてワーテルローでフランスと銃火を交えたためである。英仏連合軍は、一八五四年九月二〇日に重要な初戦であるアルマの戦いで凱歌をあげて、ロシア軍を撤退に追いこんだ。

両陣営がセヴァストポリで会した一〇月二〇日、悪天候で身動きできなくなったイギリス軍は多くの犠牲者を出した。一〇月二五日、イギリス軍がバラクラヴァのロシア軍基地を攻撃。ここでテニスンの物語詩にもなった悲劇的な「軽騎兵旅団の突撃」が行なわれる。軽騎兵旅団はロシア軍の砲弾の餌食となって屍を重ねた。一一月五日にはインケルマンで、イギリス軍がロシア軍の奇襲を受けた。激しい白兵戦になったが、イギリスはフランスの加勢を得てこの地に踏みとどまった。ロシアが一八五五年九月にセヴァストポリから撤退すると、クリミア戦争は翌年の春終結を見た。

ロンドンタイムズ紙のウィリアム・ハワード・ラッセルはこの戦争を取材している。ラッセルは従軍記者としてはじめて名をあげ、後年アメリカに渡って南北戦争の記事を送った。

「ランプをもった貴婦人」

クリミア戦争中の凍てつく季節に、フローレンス・ナイチンゲールは三八人の看護師とともに戦地に到着した。スクタリの兵舎病院で看護の総責任者を引き継ぐと、軍医と職員から抵抗を受けた。ナイチンゲールはこの病院を「地獄の王国」と呼んだ。補給品が不足し不衛生で、病人が詰めこまれている状況に愕然としたからだ。不潔な床で患者が寝て、ネズミがわが物顔で走りまわり、水は悪く、まともなトイレが用意されていない。患者が口にしていたのはかびたパンなど古くなった食物だった。病院感染で続々と死者が出た。

ナイチンゲールは一日に二〇時間働いて病室や厨房の大掃除を進めた。フランス人シェフまで連れてきた。清潔な衣服や包帯、入浴施設も用意した。夜になるとランタンをもって病室を巡回し、臨終の兵士のかたわらにすわった。またほかの患者が快適に

不潔な床で患者が寝て、
ネズミがわが物顔で走りまわり、
水は悪く、まともなトイレが用意されていない。
患者が口にしていたのは
かびたパンなど古くなった食物だった。

軽騎兵旅団の突撃

中将のカーディガン伯率いる軽騎兵旅団には、銃をもち偵察を行なう軽竜騎兵と剣で武装した軽騎兵の槍騎兵がいた。軽騎兵旅団と重騎兵旅団の上位組織、騎兵師団の指揮を執っていたのは、中将のルーカン伯である。1854年10月25日、ラグラン卿からただちに前線に向かい敵砲兵隊の移動を阻止せよ、との命令がくだり、カーディガン伯が騎兵673人を率いて谷を突進した。ロシアの砲兵隊はその谷を3方の高所で防御していた。英騎兵旅団に砲弾の雨が降り注ぐ。そこにロシア軍の歩兵と騎兵が加勢して、100人以上の英兵を殺害し、ほぼ同数を負傷させる凱歌をあげた。軽騎兵旅団がかろうじて全滅を免れたのは、フランス騎兵隊が突撃して援護にまわったからだった。

ラグラン卿の命令には解釈に迷う部分があった。というのもロシア軍は鹵獲したトルコ軍の大砲も丘の上で移動していたからである。ルーカン伯はカーディガン伯を快く思っていなかったために、余力の騎兵をしかるべき支援に差し向けなかった。ラグラン卿はそうした作戦上の失態を非難したが、ルイス・ノラン大尉が騎兵隊に命令を明確に伝えなかったと証言する者もいた。

この「死の谷」の出来事は、アルフレッド・テニソンの詩「軽騎兵旅団の突撃」によって永遠に人々の記憶に刻まれた。この詩は戦闘のわずか数週間後に書き上げられている。

生き残った騎兵が当時を振り返っている。「みんな死人みたいにこわばった顔をして、歯を食いしばっている。そこに突撃、突撃と号令がかかる」

過ごせているかを確かめ、彼らのためにに故郷に送る手紙を代筆した。患者はじきに彼女を「ランプをもった貴婦人」と呼ぶようになった。

終戦後、ナイチンゲールは英雄として帰国した。ヴィクトリア女王とアルバート公に拝謁した折には、陸軍病院で必要な改革について進言した。彼女が取った統計と分析にもとづいて、王立委員会が設立された。ナイチンゲールの衛生基準を守るようになってから、陸軍病院の患者の死亡率は低下した。家庭での病人看護に関する本も出版しており、その教えは現在も活かされている。一八六〇年にはロンドンのセントトマス病院に、ナイチンゲール看護師養成所が創設された。

ナイチンゲールは過労がたたって健康を害し、その後の四〇年間は寝たきりの日々が多かった。それでも手紙を書き、看護師のための情報収集をした。

ナイチンゲールは近代的看護の確立のために尽力したとして、一九〇七年に女性初のメリット勲章を受章した。

フローレンス・ナイチンゲールは、生まれたイタリアの都市にちなんで命名された。少女時代はイギリスのダービーシャーとハンプシャーで過ごしている。

一九〇七年には、近代的看護の確立のために尽力したとして、女性初のメリット勲章［君主から軍事、文化、公共の福祉に貢献のあった人物に授与される］を受章した。その三年後、ナイチンゲールは他界した。

インド大反乱

一八五七年のインド大反乱は、この国では第一次独立戦争とも呼ばれる。イギリスの支配と西洋的な考えに反発したもので、広範な武装蜂起となった。中心勢力はイギリス東インド会社軍のインド人傭兵のセポイだった。そのためセポイの反乱とも呼ばれる。

一八五七年三月二九日、カルカッタ（現コルカタ）に近い練兵場で発端となる事件が起こった。セポイのひとりがイギリス将校に撃った弾丸が、乗っている馬のほうに当たったのだ。このセポイは、逮捕命令に背いたもうひとりのセポイとともに処刑された。四月にはメーラトのセポイが、あらたに支給されたエンフィールド・ライフルの薬莢の使用を拒んだ。紙製の薬莢は端を噛みちぎる必要があったが、その紙に牛と豚の脂が塗られているというデマがあり、それを信じたのだ。もし本当ならヒンドゥー教徒とイスラム教徒にとって侮辱的なことになる。そうして命令に従わなかった者は、監獄送りになり鎖につながれた。五月一〇日、

イギリスのラージュ下の生活

イギリスによるインドのラージュ（ヒンドゥー語で「支配」の意）は1857年から1947年まで続いた。ヴィクトリア期のインドを彩ったのは、イギリス人のこれでもかというほど贅沢な特権階級の生活だった。帰国後はそんな生活は望めない。そうした幸運な家族にとって西洋化は、イギリス人のみと社交するコミュニティーを意味した。現地人との社会的接触が日常的に遮断された世界であるイギリス人専用のクラブは、召し使い以外のインド人を締めだしていた。イギリス人向きの娯楽にはほかにもテニス、ポロの試合、ブリッジ・パーティー、お茶会などがあった。妻たちはそれでもおしなべて退屈し、ふさわしい話し相手がいないので気鬱になり、猛暑に参っていた。

その仕返しに仲間の傭兵が上官のイギリス人将校らを射殺してデリーへと進軍した。するとここでセポイの守備隊も反乱にくわわった。反乱勢力さらには退位したバハードゥル・シャー二世を担いで、ムガル帝国の皇帝に復位させた。

この反乱は、一部の地元民を味方につけながらまたたく間にインド中央部と北部に広がった。そのためイギリス側は多方面で猛攻をかける必要があった。デリーではこの都市を陥落すべく、ふたりの中尉が命を犠牲にしてカシミール門を爆破した。六月にはカウンポール(現カーンプル)で暴徒が住民を大量虐殺した。ナイフと手斧で女子どもを片っ端から襲って、生死にかかわらず井戸に放りこんだのだ。イギリス軍はそれに対し情け容赦ない報復をした。何百人というセポイを銃剣で突き、大砲の砲口にくくりつけて吹き飛ばした。ラクナウでは、ヘンリー・ローレンスと兵一七〇〇人がこの都市を

インド大反乱の最中、「攻城砲兵縦隊」の象が火砲を牽引している。馬とラクダも重い装備や人員を運搬するのに用いられた。

インド女帝

デリーの正式な即位祝典には、イギリスの役人や外国の大使、インドの貴族、1万5000人の兵士が参列した。

1876年5月、ベンジャミン・ディズレーリ首相は、インドとイギリスの絆を強めるために、ヴィクトリア女王をインド女帝として即位させた。自由党の政治家は反対したが、気をよくした女王はアルバート公の崩御以来はじめて、議会の開会を宣言した。この議会では女王の新たな称号が発表された。デリーでは1877年1月1日に、総督のリットン卿により公式な即位宣言と祝賀会が行なわれて、礼砲100発が放たれた。ヴィクトリアは「王冠の宝石」を1度も訪れなかったが、多くのインド産の宝石を身につけた。またインド人の召し使いのアブドゥル・カリームからウルドゥー語とヒンドゥー語を教わって、ときたま日記をつけるときに使用した。

砲撃から守った。ラクナウは一〇月にコリン・キャンベルの部隊によって解放されたが、ローレンスはその前に亡くなっていた。

ヒュー・ローズ麾下の部隊によって、その後の反乱はすべて平定された。なかでも困難だったのは一八五八年四月三、四日のジャーンシーの包囲攻撃だった。七月八日、平和協定が結ばれた。この反乱を受けてイギリスは、東インド会社に代わり直接統治に乗りだした。またインド軍を再編し、それまで以上にインドの世論と人々の要求を見極めて反映できる方法を確立した。

ロンドン万国博覧会

イギリスの工業力を顕示するために、博覧会の開催を提案したのはアルバート公である。それが生産品の国際的博覧会としての初の試み、ロンドン万国博覧会として実現し、1851年5月1日に開幕した。ヴィクトリア女王とアルバート公夫妻は開会式に列席した。会場となった水晶宮は世界最大のガラスの建造物で、ハイドパークに展示品として建てられた。女王はそのとてつもない大きさにも、装飾、展示物、オルガンの音にも、ことごとく感銘を受けたと日記に書いている。しかも入場者は「みな市民にふさわしくマナーがよいので、見ていて嬉しく思いました」とつけ加えている。

ジョゼフ・パクストンが設計したこの構造物は、長さ563メートル、幅124メートルの大きさだった。出品側には1万4000人が参加した。フランスの展示品が一番多く、陳列してみると大英帝国の植民地の多様さが際立った。なかでも東インド[インドと東南アジア]が最大のスペースを占めた。10月15日の閉会式まで600万人を超える入場者があったので、1日に4万人が訪れたことになる。有名人ではチャールズ・ダーウィン、ルイス・キャロル、チャールズ・ディケンズ、シャーロット・ブロンテなどが訪れた。

展示の終了後、水晶宮はシドナムヒルに移転されて(現在のロンドン南東部)、1854年にふたたび女王によって開場された。1936年に火事で焼失した。

万国博覧会を開催して称賛を浴びたのはアルバート公だが、そのアイディアを王立技芸協会会長のアルバートに進言したのは、役人のヘンリー・コールだった。

ニュージーランド戦争

一八四五〜七二年のニュージーランド戦争は、政府を形成するイギリス人および植民地軍と、それと敵対する先住民マオリ族とのあいだで戦われた。マオリの中には、イギリス側について武器を取った者(クーパパ)もいた。この戦争での死亡者数はマオリが二〇〇〇人、クーパパが二五〇人、政府軍兵士が二五〇人と推定されている。政府は歯向かうマオリから約一〇〇万ヘクタールの土地を没収したが、あとになってその一部を返還した。

入植者が北島内陸部の開拓に奮闘している時期、ジェームズ・ホブソン大佐は一八三九年にワイタンギ条約を締結した[条約でマオリは女王に従う英国国民となり、土地の売却先を英国に限定された]。一八四三年、マオリとニュージーランド会社の入植者とのあいだで戦闘が起こり、先住民四人と欧州人二二人が死亡した。この勝敗がつかない北島戦争は一八四六年に収束して、一八五〇年代は不安定な平和が続いた。一八五八年にはニュージーランド全体の人口比で欧州

マオリ戦争が終わると、イギリスは女王に敵対して戦った部族への懲罰として土地を没収した。

人が先住民を上まわったが、マオリはまだ北島の八〇パーセント程度の土地を所有していた。同年には、初代マオリ王が即位し、土地売却に反対して部族をまとめはじめた。一八六〇年代はマオリの部族同士の争いも含めて、激しい闘争が繰り広げられた。一八六三年七月、ジョージ・グレー総督がワイカトに侵攻。それに先立ち総督は、マオリにヴィクトリア女王に忠誠を誓うチャンスを与えていた。総督が派遣した総勢一万二〇〇〇人の政府軍は、ダンカン・カメロン中将下で五〇〇〇人に満たないマオリの戦士を鎮圧した。その後ニュージーランドで欧州人の支配が揺らぐことはなかった。

アングロ＝アシャンティ戦争

イギリスはアシャンティ王国（現在のガーナ南部）と四次にわたる戦争を繰り広げている。第一次戦争はヴィクトリア時代前の一八二三～三一年。英国議会の奴隷廃止運動の一環で、奴隷貿易をやめさせるのが目的だった。王国は奴隷貿易で得た資金で武器を買い取っていたが、イギリスは敵を見くびっていたために、敗北を重ねて撤退した。その後三〇年間は平和な日々が続いた。

一八六三～六四年の第二次戦争は短期戦である。沿岸地域を占拠したアシャンティが、イギリス軍部隊と遭遇したのが引き金になった。この衝突で両陣営とも人的損傷を出した。ロンドンへの増援要請は却下された。間もなく双方を病魔が襲い、死者が出て膠着状態になったところで、一八六四年に戦闘は切り上げられた。

一八七一年、イギリスはオランダ領ゴールドコーストを購入した。第三次戦争は、その後の一八七三～七四年に起きている。この部分にはアシャンティが領有権を主張するエルミナが含まれていた。海岸線がなくなるのを恐れて、アシャンティ軍は侵攻し欧州人の宣教師を人質にとった。一八七四年一月、ガーネット・ウルズリー将軍が二五〇〇の英国軍兵士とともに到着。この軍勢は、老練なアシャンティの首長アマンクアチアを相手に優位に戦い、この首長を斃(たお)した。そしてその足で首都クマシに到達すると、大量の黄金の品々を没収した。現在こうした黄金物は大英博物館に展示されている。七月、フォメナ協定により終戦が決定された。アシャンティは金一・四トンでの賠償を求められたほか、エルミナを諦めることになった。

一八九五～九六年の第四次戦争は短かった。イギリスは、フランスとドイツがこの国の黄金に手を出すのを懸念して、一八九五年一二月に侵攻した。その際用いた口実は、アシャンティが公約した賠償を支払っていない、というものだった(支払われた黄金は一一〇キロだけだった)。イギリス軍はまったく抵抗を受けずにクマシに入城し、アシャンティ王(アシャンティヘニ)を追放して終戦とした。一九〇二年、アシャンティがイギリスの直轄植民地と

1902年の絵画《先遣隊を率いた偉丈夫 The Bonnie Men Led the Advance》。第3次アングロ=アシャンティ戦争中にあった、1874年のアモアフルの戦いを蘇らせている。

なったことが宣言された。

アビシニア攻撃

一八六七年、アビシニア（現エチオピア）皇帝テオドロス二世は、ヴィクトリア女王などに親書を送った。イスラム教徒の敵と対抗する目的でイギリス軍の協力を求めるとともに、国を近代化に導く技術者の派遣を要請したのである。それが無視されると、皇帝はイギリス人の領事や宣教師、一般市民を獄舎につないだ。一八六八年、ロバート・ネーピア中将が兵一万三〇〇〇人の討伐遠征軍を率いて、六四〇キロの険しい地形を乗り越えマグダラにある皇帝の山砦に到達した。ここでは皇帝と九〇〇〇人規模の軍勢が待ち受けていた。

四月一〇日、両陣営がぶつかり合い、武器の性能で勝るネーピア軍がアビシニア軍に完勝した。イギリス軍の戦死者は二〇人だったが、アビシニア軍は二二〇〇人におよんだ。

この敗戦を受けて、テオドロスは和平の贈り物である牛を進呈して人質を解放した。ネーピアはこれを降伏の印と受け取って、皇族を敬意をもって遇すると約束した。皇帝が降伏するつもりはないと返答すると、イギリス軍は

テオドロスの自殺で暴君の人生は終わった。この皇帝は突然の怒りに駆られて、戦争捕虜7000人を処刑している。

フランスの画家アルフォンス・ド・ヌーヴィーユの《ロークスドリフトの防御 The Defense of Rorke's Drift》。イギリスが勝利を収めてから1年後の1880年に描かれた。

砲撃を開始した。片足を負傷したテオドロスは、リヴォルヴァーを口にくわえて自害した。一八五四年にヴィクトリア女王から贈られたこの銃には、「女王のささやかな贈り物として」という文字が刻まれていた。

ズールー戦争

イギリスは南アフリカのイギリス植民地を連邦化しボーア共和国を樹立するために、ズールーランドを統治下に収めようとしていた。ズールー国王のセテワヨはそれを受け入れがたいこととして、最大で六万の軍勢を整えた。ただしその大半は槍と盾で武装していた。その知らせがイギリスの南アフリカ高等弁務官のバートル・フリアの耳に届くと、フリアはセテワヨに三〇日以内の軍の解体を要求した。この最後通牒は無視された。一八七九年の一月、フリアはチェルムズフォード中

ルイ=ナポレオン

フランスの画家ポール・ジョゼフ・ジャマンは、1882年にルイ＝ナポレオンの死を劇的なタッチで画布にとどめた。

フランスの皇位継承者、ルイ＝ナポレオンは、ズールー戦争が始まった頃ロンドンに追放されていた。その英国軍遠征隊に志願したルイは、ヴィクトリア女王とフランスのウージェニー王妃の口添えもあり、危険な目に遭わせないという了解のもとで従軍を許可された。チェルムズフォード卿の参謀に任命された皇太子は、1879年6月1日、護衛兵7人とともにウルンディ近辺の偵察に出て、ズールー族の襲撃に遭った。ルイは走りだした馬に乗ろうとして、鞍に吊した銃携帯ケースにつかまった。が、革のケースが千切れて転倒した。随伴者ひとりが殺され、ほかの者は逃げだした。ルイ＝ナポレオンは走った。それをズールー族7人が追う。やがて皇太子は追いつかれ、槍で18か所を貫かれて絶命した。

将を指揮官とする部隊を派遣した。

一月二二日、チェルムズフォードは進軍する際に、兵の三分の一を防御が手薄なイサンドルワナの野営地に残した。セテワヨは二万の兵に「ゆるゆると進み、赤い兵士を夜明けに襲って皆殺しにせよ」と命じた。ズールー兵はイサンドルワナで八〇〇人ものイギリス兵とアフリカ人予備兵五〇〇人を血祭りにあげると、ライフル一〇〇〇丁と弾薬を鹵獲した。別の四〇〇〇人規模のズールー部隊も、その後その日のうちにロークスドリフトの英軍補給処に奇襲をかけようとした。が、ここの英兵はイサンドルワナの生存者から警告を受けていた。一二時間にわたって戦闘が繰り広げられ、イギリス軍は一二〇人の兵力で五〇〇人のズールー戦士を撃ち殺した。

さらに三月二九日には、イーヴリン・ウッド大佐がカンブーラで攻勢に出て勝利を収め、三〇〇〇人ものズールー人を屠(ほふ)った。チェルムズフォードの兵士はその後、ギンギンドロヴで一〇〇〇人以上を殺害している。この部隊はさらにウルンディへと進軍し、一八七九年七月四日にここでガトリング砲(ガン)と火砲を投入して、突撃するズールー人六〇〇〇人を一挙になぎ倒した。その一方でイギリス軍の人的損害は一〇人にとどまった。セテワヨは捕虜になり、初めはケープタウン、のちにロンドンに追放された。

ボーア戦争

ボーア人は、南アフリカ生まれの主にオランダ系の白人で、アフリカーナ人とも呼ばれる。南アのトランスヴァールでは、ボーア人が一八七七年のイギリス併合に反発して反乱を起こした。それが一八八〇〜八一年の第一次ボーア戦争である。一八八〇年

南アのレディスミスに立てこもるボーア人戦闘員。このあと1900年に英国軍に押されて撤退した。

一二月一六日、プレトリア、ラステンバーグ、マラバスタドなどの数か所の町でボーア軍がイギリス軍守備隊を包囲して、戦いの火蓋は切られた。イギリス軍は初戦で、プレトリアの包囲を破ってトランスヴァールに侵攻しようとしたが失敗した。一二月二六日、ジョージ・ポメロイ・コリー少将麾下の四〇〇の英兵が、トランスヴァールの国境脇でそびえるマジュバヒルを占拠した。一八八一年二月二七日、ボーア人はその陣地を強襲して、コリーを含む将校五人と兵八七人を殺害した。一方でボーア人の犠牲はひと

強制収容所

ボーア人がゲリラ攻撃を展開すると、イギリスは強制収容所を作ってボーア人人口の約6分の1を監禁した。敵も家族と再会したければ、降伏するのではないかと期待したのだ。連行されたのは、非戦闘員の中でもとくに女子どもで、英国軍の「焦土」作戦で焼き払われた3000の家や農場にいた者だった。英国軍は同時に作物を焼き、家畜を殺している。

1901年から翌年にかけて、11万5000人もの非戦闘員のボーア人が集団で拘禁された。病気と飢えでおよそ3万人が命を落とした。その2万2000人ほどは子どもだった。黒人も収容所に入れられ、金鉱の労働に駆りだされて約2万人が死亡した。こうした悲劇は、物資の不足と劣悪な管理体制、収容者に対する配慮不足から引き起こされている。

1900年、エミリー・ホブハウスは、「南アフリカの女性と子どもの救難基金」(South African Women's and Children's Distress Fund)を立ち上げると、イギリスを発ってポートエリザベス、ヨハネスブルク、ブルームフォンテインなどの強制収容所を視察してまわった。ホブハウスはすし詰めになっている不衛生な収容所で、1日に50人の子どもが死んでいると記録している。また、収容者に石鹸は与えられず水は飲料に適さず、ベッドもマットレスもなく、燃料は不足して食事は貧弱であると伝えている。

はしか、急性気管支炎、肺炎、赤痢、腸チフスなどあらゆる種類の病気が蔓延していた。ホブハウスのこうした批判と変化を求める運動のために、イギリス本国の戦争支援は勢いを失った。

自由党に所属したエミリー・ホブハウス。南アでの英国政府の所業を糾弾する声をあげた。

りだけだった。一八八一年八月三日のプレトリア協定で講和は成ったが、トランスヴァールは独立を果たせなかった。ようやく独立国となったのは、一八八四年二月二七日のロンドン協定においてである。

ボーア戦争、第二次ボーア戦争、アングロ＝ボーア戦争、南ア戦争とも呼ばれる二度目の紛争は、一八九九年から一九〇一年まで続いた。このときはケープとナタールの植民地を支配下に収めるイギリスと、トランスヴァールとオレンジ自由国のふたつのボーア人植民地との戦いになった。イギリス軍の兵員数は五〇万弱、対するボーア軍は八万八〇〇〇。イギリスの関心は、主にこの地での帝国の建設とトランスヴァールの金鉱の支配権にあった。

ボーア人は、ボーア人以外の入植者に市民権を与えなかった。そのほとんどがイギリス人だった。一八九九年一〇月一一日、ボーア側はイギリスに軍備の増強をやめるよう警告を送った。緊張が高まると、ボーア軍はイギリスの植民地であるケープとナタールに攻め入ってその軍隊を打ち破った。また一二月一〇〜一五日の「暗黒の一週間」には複数の大きな町を奪取した。一九〇〇年二月、英軍の増援部隊が敵を圧倒し、六月にはレディスミス、キンバリー、ヨハネスブルク、プレトリアを解放した。イギリスはその後トランスヴァールとオレンジ自由国を併合した。

戦争は一〇月で終結したかのように思えた。ところがボーア軍はゲリラ戦術に転じた。敵部隊を襲撃したかと思うと補給物資を奪い、通信を妨害するなど神出鬼没な動きを見せたのだ。一九〇一年二月には、イギリス軍総司令官のキッチナー将軍が講和の妥協案を提示した。その骨子は次のようなものである。トランスヴァールなどのかつての共和国をイギリスの直轄植民地とすること、そして最終的には植民地の自治政府を成立させること、戦争犯罪の大赦、補償金の支払い、「ほかならぬ白色人種の優位を保つために」将来「有色人種」に与える法的権利と参政権を制限すること。一九〇二年五月には、フェリーニヒング条約のこのような条件が了承されて、補償金の額が三〇〇万ポンドに決定された。

1882年、
エジプトの戦闘で火砲を移動する英国騎馬砲兵隊。
イギリスの狙いはスエズ運河の管理権にあった。

この戦争では、欧州人が機関銃や榴弾などの二〇世紀の近代兵器をはじめて使用した。新しい試みの民間人用の強制収容所も導入した。

エジプトの征服

一八七六年、ヨーロッパ列強の負債者委員会が、イギリスとフランスを指名してエジプトの国庫、税関、港、鉄道、郵便局の共同管理にあたらせた。というのも国政を担う副王イスマーイール・パシャの作った負債が、一億ポンド近くまで膨れ上がったからである。エジプトはまだオスマン帝国の属州だった［副王はオスマン帝国の総督にあたる］。そのため植民地保有国である二国に与えられた権利に、エジプト人は憤慨した。新副王をタウフィークが引き継ぐと、一八八一年には「エジプト人のためのエジプト」を求める国民党が結成されて、同党のアフマド・ウラービー・パシャ・ミスリーが軍を牽引した。

一八八二年五月一九、二〇日、スエズ運河の閉鎖を懸念した英仏連合艦隊が、アレクサンドリア沖に投錨した。六

スエズ運河

1859年、地中海と紅海を結ぶ運河の建設が、フランスが株を所有するスエズ運河会社によって開始された。当初は、エジプト人農民を強制動員してつるはしで開削していたが、しばらくすると欧州人が大型の機械を用いるようになった。全長164キロの運河が正式に開通したのは、1869年11月17日である。イギリスははじめ、この運河のために海運での優位が失われるとして建設に反対していたが、1875年には運河会社の株44パーセントを40万ポンドで買収した。また1888年に「スエズ運河の自由航行に関する条約」が締結されたが、イギリスは海運国で唯一調印しなかった（1904年に批准した）。

運河は数か所ある湖を活かして建設されており、8か所大きくカーブしているところがある。

ヨーロッパの帝国

強大な大英帝国が世界を席巻しつつあるなか、ほかのヨーロッパ列強も植民地からうまい汁を吸う一画に食いこみつつあった。フランスもドイツ、ロシア、オーストリア＝ハンガリーも、それぞれの帝国を築き上げている。

ナポレオン戦争後に海外領土を剥ぎ取られたフランスも、19世紀の初めには宗主国としての存在感を取り戻しつつあった。1830年にアルジェを手中に収めると、チュニジアとモロッコで保護領を築いて、西地中海の両国の沿岸部を支配下に置いた。アジアでも足がかりを得たいフランスは、宣教師の保護を名目にヴェトナムに軍艦を送った。1858年、フランスの1個艦隊がトゥーラン(現ダナン)に艦砲射撃を浴びせて1万人の命を奪い、1年後にサイゴン(現ホーチミン市)を陥落させた。1887年、カンボジアをくわえたフランス領インドシナが成立。1893年にはそこにラオスを併合した。

ドイツは1871年にプロイセンとの統一を果たしてから、帝国レースに遅ればせながら参加した。とはいえひとつの独立国家となった以上、ドイツにも植民地を獲得したいという欲望はあった。1880年代の初めには目ぼしい土地にはすでにほかのヨーロッパ列強の息がかかっていたので、ドイツはアフリカに目を向けた。ドイツ領トーゴランド(現在のトーゴとガーナの一部)、カメルーン、ドイツ領東アフリカ(現在のルワンダとブルンディとタンザニア)、ドイツ領南西アフリカ(現ナミビア)が続々と建設された。ドイツはほかのヨーロッパ諸国とは違って、植民地からほとんど利益を吸いあげなかった。原材料を輸出せずに入植者を送りこんだのである。

ロシア帝国は、19世紀中にアジアで版図を広げた。ヴィクトリア女王の即位前に、グルジア(現ジョージア)は1801年に自発的にロシアに併合され、ペルシアは1813年にアゼルバイジャンを、1828年にアルメニアをロシアに割譲した。だが多くの民族の抵抗も受けた。1834〜59年、チェチェン族はロシアの占領に武器を取って抵抗している。1840年代にはロシアはカザフスタンにまで支配をおよぼしたが、カフカス山脈でチェルケシアから激しい抵抗を受けたあと、1860年から1864年にかけて全住民を強制移住させた。

1867年、「アウスグライヒ」(和協)をもってオーストリア＝ハンガリー帝国が平和裏に成立。二国で同君をいただく体制が整った。オーストリアはその前年に7週間の普墺戦争で敗戦して、ドイツ連邦にとどまれなくなっていた。そこでハンガリーとの同盟を求めて、ハンガリーに国内での完全自治を認めたのである。オーストリア皇帝のフランツ・ヨーゼフとその後継の君主は、オーストリア皇帝とハンガリー国王を兼ねながら「同君連盟」に君臨した。これによりハプスブルク帝国は二国に分割された。ツィスライタニア(オーストリア、ボヘミア、モラヴィア、スロヴェニア、オーストリア領ポーランド、シレジア)と、トランスライタニア(ハンガリー、クロアチア、トランシルヴァニアなど)である。

月一日、この都市で暴動が起こり、外国人五〇人を含む数百人の死者が出た。エジプトはアレクサンドリア防衛のために大砲を設置しており、英仏にその撤去を要求されても応じなかった。するとフランスは引き下がったが、イギリスは軍艦全一五隻に戦闘態勢をとらせて艦砲射撃を開始した。二日後、イギリス兵が上陸したアレクサンドリアは半ば廃墟と化していた。タウフィークがイギリスに保護を求めたために、国政はウラービーの手に委ねられた。

七月から九月のあいだに、ガーネット・ウルズリー中将麾下の三万一〇〇〇規模の兵が到着した。この増援はカイロを占拠するとともに、スエズ運河を軍艦四〇隻で確保した。小規模な戦闘があったあと、九月一三日にはイギリス軍がテル・エル・ケビールでの一時間以上におよぶ激戦を制した。その先鋒をつとめたのは、バグパイプ吹奏者を引き連れたハイランド旅団［スコットランドのハイランド地方出身者の部隊］だった。勝利したイギリス軍はカイロへと進み、ここでウラービーを捕らえスリランカに追放して、タウフィークをふたたび王座にすわらせた。

エジプトは大英帝国に取りこまれ、イギリス軍は一九四二年までエジプトに駐留した。

大英帝国の祭典

一八九七年、ヴィクトリア女王の即位六〇周年を記念する式典が催された。このとき「大英帝国の祭典」というテーマを提案したのは、ジョゼフ・チェンバレン植民地大臣である。帝国は絶頂期にあり、すべての大陸に総計四億五〇〇〇万人の臣民を擁していた。しかも帝国は今もなお拡大しつつあった。新たな領土として一八七〇年以降にもケニア、ローデシア、ウガンダ、キプロス、ザンジバル、フィジー、ニューヘブリディーズ、ソマリランド、ベチュアナランドがくわわっている。

六〇周年記念日の六月二二日火曜日には、イギリス全土と世界各地が惜しみない祝意を表した。ロンドンの祝典には全植民地の統治者と代表者が招かれた。ヴィクトリアは午前中に帝国内のすべての国に宛てて次のような電報を送っている。「愛する臣民に心から礼を述べます。神のご加護があらんことを」するとそれに応えて、祝電一三一〇本が女王のもとに寄せられた。前年の秋に、女王の治世はイギリス史上最長となっていた。

七八歳の女王はまだ黒い喪服姿だった。その壮麗な行列を先導したのは、インド槍騎隊、カナダ騎馬警察隊、オーストラリア騎兵隊などの植民地軍部隊である。兵士の中には、「軽騎兵旅団の突撃」の生存者も交じっていた。バッキンガム宮殿からセントポール大聖堂までの沿道で、そうした長い行列を熱狂した大群衆が迎えた。大聖堂前で挙行された野外での記念式典では、女王はリューマチのために幌なし馬車にすわったままだった。女王はのちにこのように書いている。「あの六マイルの街路を通ったときのわたくしほど、熱烈な歓呼を受けた者はいないでしょう……群衆の様子を言葉にするのは難しいけれど、その熱狂は実に素晴らしく、深い感動を覚えました。耳を聾さんばかりの歓声があがり、どの顔も喜びに満ちあふれて見えました。わたくしはとても胸を打たれて、喜ばしく思いました」

日が落ちると、夜間照明で建物の姿が浮きあがり花火が打ち上げられて、国中でかがり火が焚かれた。この日

1897年に発行された記念メダルの裏面。インド女帝を兼ねるヴィクトリア女王の即位60周年を記念した。

を含めた三日間は、イギリスのほとんどの町で路上のパーティーやコンサートが催された。またロンドンでは貧しい住民に四〇万食の食事が、マンチェスターでは一〇万食がふるまわれた。

ジョン・D・ロックフェラー。
スタンダード・オイル社を創業して、世界一の富豪になった。
この会社の独占が1890年の反トラスト法の制定につながった。

第六章

アメリカ

America

ヴィクトリア期のアメリカは、道徳観から建築までイギリスのさまざまな価値観を反映していた。労働者階級はアメリカン・ドリームを追い求めても、悲しいことに貧しいのに変わりはなかった。どちらの国も拡張期にあった。イギリスは海外で帝国を築き、アメリカは土地を求めてフロンティアを西へと押し広げていた。

ニューヨーク・トリビューン紙の編集長ホラス・グリーリーは、一八五一年に「西に進め、若者よ、西に進め」と呼びかけた人物として名高い。アメリカ人にそのような忠告は無用だった。というのも開拓者は安い土地を手に入れるために、騎兵隊の護衛つきで移動していたからである。その前に立ちはだかるアメリカ先住民はことごとく騎兵隊に蹴散らされた。それ以上に西部の金に山師が惹きつけられて、一八四八～五一年にはカリフォルニアでゴールド・ラッシュが起こった。

こうした出来事のどれもが、一九世紀後半を支配した東部方面の悲劇と並べると色あせてしまう。南北戦争（ザ・シヴィル・ウォー）は北部連邦州と南部連合州とのあいだで戦われた。奴隷を所有する南部諸州が独立国家となることを望み、それが火種となった。その結果生じた紛争では、ほかのどの戦争よりも多くのアメリカ人の命が失われている。

❖泥棒男爵

ヴィクトリア期のアメリカでも、イギリスと同様に産業が爆発的に発展し富が蓄積している。不屈の精神をもつ数十人が、特定の産業や商取引を独占して巨大な利益をあげたおかげで、雇用が創出され経済は新たな高みに到達した。そうした億万長者は「産業界の大立て者」として称賛されたが、巷では「泥棒男爵」とも称された。労働者から搾取して、詐欺や陰謀、脅迫、贈賄など、倫理にもとるやり口に手を染めたからである。次の六人は、そのようにして富と権力を手にしている。

ジョン・ジェーコブ・アスター　ドイツでヨハン・ヤコブ・アストアとして生まれ、一八四八年に亡くなったときはアメリカ一の富豪になっていた。資産は現在の貨幣価値で一一〇〇億ドルにおよぶ。毛皮貿易で築いた財産で一八〇八年に創業したアメリカ毛皮会社は、ヨーロッパだけでなく中国にも毛皮を輸出した。だが巨万の富をもたらしたのは、ニューヨーク市での不動産投資だった。アスターは遺言で、市民のためのアスター図書館の建設資金として四〇万ドルを市に寄附している。この図書館が一八九五年にニューヨーク公共図書館となった。

アンドリュー・カーネギー。ペンシルヴェニア鉄道会社の地方責任者だった頃に、アメリカ初の寝台車を導入して最初の成功を収めた。

アンドリュー・カーネギー　スコットランド生まれ。アメリカの鉄道経営で財をなした。その後製鉄業に投資して、南北戦争中は北軍の兵士を支援した。一九〇一年にカーネギー鉄鋼会社をJ・P・モルガンに四億八七〇〇万ドルで売却して、世界一の大金持ちになった。金に糸目をつけない慈善家でもあり、「金持ちのまま死ぬのは恥である」という言葉を残している。図書館や大学、劇場、科学研究に資金を提供した。

J(ジョン)・P(ピアポント)・モルガン　金融業者。鉄道や鉄鋼など、さまざまな産業を再生・統合する才能があった。共同経営者の立場にあるニューヨークの投資・銀行持株会社は、米国政府の主要な資金源だった。一八九二年、企業合併の調整役を務めてゼネラル・エレクトリック・カンパニーを誕生させる。一八九五年には、自社名をJPモルガン・アンド・カンパニーに改名、同社は世界最大級の銀行となった。一九〇一年にカーネギー鉄鋼会社を買収したあと、さらに数社を合併して資本金一〇億ドルを超える世界初の企業、米国スチール株式会社(USスチール)を設立した。

ジョン・D(デーヴィソン)・ロックフェラー　アメリカの石油産業を独占して、スタンダード・オイルを創立。鉄道会社と裏取引し石油の輸送料を抑えて、競合会社を廃業に追いこん

J・P・モルガン。タイタニック号の処女航海の乗船を予約していたが、キャンセルせざるをえなくなり、おそらくはそれで命拾いした。

だ。一八九〇年には、このトラストはアメリカの石油のほぼ九〇パーセントを精製していた。ロックフェラーは、アメリカ人としてはじめて一〇億ドル相当の資産を蓄積して、世界一の富豪となっている。その後は慈善事業に目を向けて、五億ドルを価値ある目的に寄附した。シカゴ大学もその恩恵を受けて一八九二年に開校した。

コーネリアス・ヴァンダービルト　「代将」のニックネームがある。海運王で鉄道王でもあった。一八二九年に汽船会社を創設、一八四六年には百万長者になっていた。一八五〇年代に創成期の鉄道事業に投資して、一八七三年にニューヨークとシカゴを結ぶ初の路線を開通した。同年に寄贈した一〇〇万ドルで、テネシー州ナッシュヴィルにヴァンダービルト大学が創立された。個人資産は一億ドルに相当する。

コーネリアス・ヴァンダービルト。貧しい農家の生まれで、11歳で学校をやめて船着き場で働きはじめた。

E（エドワード）・H・ハリマン　一八七〇年にはニューヨーク証券取引所の仲買人になり、鉄道への投資を決意していた。一八九〇年代にユニオン・パシフィック鉄道の経営権を手中にすると、最終的には鉄道会社五社、汽船会社一社と金融業のウェルズ・ファーゴ・エクスプレス・カンパニーを切りまわした。また一八九九年には科学者の探検隊を率いてアラスカに行き、この地域の地図を作成。ここで発見したフィヨルドや氷河には、敬意を表してハリマンの名がつけられた。一九〇四年、セオドア・ルーズヴェルト大統領から独禁法訴訟を起こされて、最高裁判所から鉄道帝国の解体を命じられた。

涙の旅路

アメリカ史の汚点を記す章に、アメリカ先住民約一〇万人の強制移住がある。断行したのは、アンドリュー・ジャクソン、マーティン・ヴァンビューレン両大統領下の米国政府。アメリカ南東部からインディアン特別保護区の保留地(現オクラホマ州)を目指す旅程だった。対象となった大半がチェロキー族だったが、チョクトー族、チカソー族、クリーク族、セミノール族も含まれていた。それに先立つ集団連行が開始されたのは一八三八年五月、ジョージア(先住民の土地で金が見つかった)、テネシー、ノースカロライナ、アラバマの各州である。この強制された苦難の旅は八一二〇キロにおよび、アメリカ先住民のあいだで「涙が

《涙の旅路》と題された、アメリカの画家ロバート・リンドニューの1942年の作品。故郷を追われるチェロキー族の苦悩を捉えている。

流された道なき道」と呼ばれた。

一〇月には第一陣が出発。厳しい冬を通して多くは素足で歩きつづけた長旅で、チェロキー族一万七〇〇〇人のうち四〇〇〇人が横死した。米軍兵士は前進を急がせて、病人の手当も死者の埋葬も許さない。最後の集団は一八三九年三月に到着した。それを率いた部族長のジョン・ロスは、スコットランド人の血も引いていた。そもそも出発前の連行の時点で、約一万三〇〇〇人が干ばつのために軍の営倉に収容されたままになり、一五〇〇人ほどが亡くなっている。新たな住処に到着したあとも、年内に八〇〇人が死亡した。

テネシー州とジョージア州にいたチェロキー族のうち、一〇〇〇人ほどが強制移住を免れて、一八六八年にノースカロライナ州チェロキーで独自の政府を作った。子孫は今もそこに住みつづけている。

米国政府はおよそ一〇万人のアメリカ先住民を、南東部からインディアン特別保留地に強制移住させた。

米墨戦争

アメリカ・メキシコ戦争ともいう。この紛争の発端は、一八四五年のアメリカのテキサス併合時に、テキサスとメキシコの境界をどこにするかで長く揉めたことにある。米大統領のジェームズ・ポークは、メキシコ大統領のホセ・エレーラに使節を送って、現在のカリフォルニア州とニューメキシコ州にあたる土地を三〇〇〇万ドルで買収すると申してるつもりだった。ところがエレーラに面会を拒絶されたため、争点となっているテキサスの国境線に、ザカリー・テーラー将軍麾下の部隊を派遣して占拠させた。一八四五年四月二五日、リオグランデ川を渡河してきたメキシコ軍に、テーラーの兵が殺害された。五月一三日、米国連邦議会はメキシコに宣戦布告した。

ブエナビスタの戦いでは、激しい戦闘のすえにメキシコ軍が3400人の死傷者を出したが、米軍側はわずか650人だった。

メキシコ軍を率いるアントニオ・ロペス・デ・サンタ・アナ将軍は、一八三六年のアラモの戦いでテキサス人などの虐殺を指示した人物である。キューバへの国外追放をポーク大統領に解かれて、米軍の軍艦でメキシコまで護送され、和平交渉に臨むはずだった。ところがサンタ・アナは約束を反故にして、メキシコ軍の最高司令官に返り咲いた。この紛争でアメリカ軍兵士は戦闘中に「アラモを忘れるな！」と叫んだという。

テーラー軍がリオグランデ川を渡ってモンテレイを攻略し蹂躙すると、戦いの火蓋は切られた。テーラーは一八四七年二月二二、二三日のブエナビスタの戦いでも、規模で上まわるメキシコ軍を破った。またウィンフィールド・スコット将軍も海から上陸して、三週間の包囲戦のすえにベラクルス港を掌握、一八四七年九月一四日にはメキシコシティに進撃してあっけなく落城させた。アメリカ側の戦死者は一五〇〇人程度だったが、疫病でもとくに黄熱病にやられて、一万人以上が母国の土を二度と踏めなかった。

一八四八年二月二日の不平等なグアダルーペ・イダルゴ

協定で、戦争は幕となった。メキシコは一五〇〇万ドルの代価で領土のほぼ半分を失い、一三〇万平方キロあまりの土地を割譲した。これには現在のアリゾナ、ニューメキシコ、ネバダ、ユタ、カリフォルニア、テキサスの諸州とコロラド州西部を形成している領域がすっぽり入る。

テーラーは英雄となり、一八四八年にはポークのあとに大統領に当選した。この一三年後に南北戦争で将軍となった者は、ほぼ米墨戦争で戦っている。ロバート・E・リー然り、ユリシーズ・S・グラント然り。グラントはメキシコ相手の戦争は「強国が弱国を相手にした理不尽きわまりない」戦いと見ていた。

カリフォルニア・ゴールド・ラッシュ

一八四八年一月二四日、カリフォルニアのサクラメントに近いサッターの製材所で砂金が発見された[製材所は川岸にあった]。一万四〇〇〇人程度だった人口が、翌年には一〇万人に膨れ上がり、カリフォルニアは急遽州に昇格された。一八五二年にはおよそ二五万人の住人がいた。こうした金鉱熱の虜になった者は「フォーティナイナー」と呼ばれる。またそれを追うようにさまざまな詐欺師、いか

マニフェスト・デスティニー

「マニフェスト・デスティニー」(明白な運命)は、北米大陸におけるアメリカの西方拡張を正当化するために用いられた定説。米墨戦争でアメリカは、この定説を証明する大きな1歩を踏みだした。運命ゆえに1803年には「ルイジアナ買収」を行ない、フランスから214万4520平方キロの領土を獲得した。またこの言葉はその後米西戦争への機運を高める際にも、さらにはロシアからのアラスカ買収(1867年)、そしてハワイの併合(1898年)をする際にも唱えられた。

この言い回しを1845年に使いはじめたのは、民主党支持の編集者ジョン・L・オサリヴァンだった。オサリヴァンは「わが国の人口は年間に何百万人も増えている。この大陸はその自由な拡張のために神から与えられており、大陸を覆い尽くすのはわれわれのマニフェスト・デスティニーの実現」であると書いている。

「金だ！」という叫び声が聞こえると、「畑の作付けは途中で放りだされ、作りかけの家も放置されて、ショベルとつるはしの製造以外はすべて無視された」。

さまトランプ師、娼婦、さすらいの荒くれ者がやって来た。

　ある新聞の記事によると、「金だ！」という叫び声が聞こえると、「畑の作付けは途中で放りだされ、作りかけの家も放置されて、ショベルとつるはしの製造以外はすべて無視された」。こうして一攫千金を狙う者は、はじめ選鉱鍋で川底から砂金を集めていたが、やがて会社を組織して貴重な金属に届く立て坑を掘るようになった。奔流のような人の流入は一八五〇年代の末に落ち着いた。それでも一九世紀が終わるまでに、主鉱脈とクラマス地区の二か所の金鉱で、今日の二五〇億ドルに相当する金が産出されている。

　カリフォルニア以外にも幸運を探し当てた例はある。一八五八年には、コロラドのパイクスピーク近く

カリフォルニアに群がったフォーティナイナーの大半は、選鉱鍋を使って川で砂金を濾さねばならなかった。過酷な作業のわりには儲けはわずかだった。

で金鉱が発見された。一八五九年にネバダで見つかったコムストック鉱脈からは、金も銀も採れた。連邦議会は一八六一年にコロラド、ネバダを準州にしている。さらに金銀混合の鉱床は、サウスダコタ準州ブラックヒルズのデッドウッド(ダコタ・スー族の土地)で一八七四年に、コロラドのクリップルクリークで一八九一年に見つかっている。

ペリー提督

日本に本腰を入れはじめたとき、マシュー・C・ペリー提督[提督は日本側の呼称。実際の階級は代将]はすでに米英戦争と米西戦争を経験していた。一八五三年七月八日、ペリー艦隊は江戸湾の入り口にある浦賀に入港した。開国してアメリカとの通商に応じるよう日本を説得するのが目的だった。日本には海軍がなかったので、必要とあらば手持ちの武力を行使することも可能だった。ペリーは長崎への移動命令を拒み武力を背景に脅して、ミラード・フィルモア大統領から預かった親書を日本に受け取らせた。外交の開始と条約締結を求める親書である。

この艦隊はフリゲート二隻と帆船二隻で編成されており、日本人はそれを「異人の黒船」と呼んだ。それでも翌年には最高権力者である将軍が条約を締結して、外交関係を結び、アメリカとの貿易に二港を開港することを許した。日本が開国に及び腰だったのは、アヘン戦争での中国の末路が頭にあったからだ。だが、日本の防衛力が増強されつつある兆候が見えた頃、ペリーが九隻の軍艦とともに江戸湾にふたたび来航した。一八五四年三月三一日、両国は最初の条約となる日米和親条約を締結する。この条約で当初のアメリカの要求に上乗せして最恵国待遇が付与され、外交上の取り決めに合意が成立した。この成功を見たイギリス、ロシア、フランス、デンマークといった国々も、通商上の優位を得るために条約を締結した。

ペリー来航は、二〇〇年間鎖国してきた徳川幕府の脆さを露呈させる結果になった。幕府はその後崩壊し天皇へ

デッドウッド

ワイルド・ビル・ヒコックの武勇伝は、虚実を取り混ぜた三文小説になってブームを巻き起こし、ヒコックを西部の伝説中の人物にした。

デッドウッドで金が見つかったとき、この町が惹きつけたのは金探鉱者だけではない。西部伝説中の荒くれ者もしばし足を止めていた。ガンマンのワイルド・ビル・ヒコックとカラミティ・ジェーンも数週間ここで過ごしている。ふたりが1876年にビルの友人であるコロラド・チャーリー・アターの幌馬車隊でやって来たときは、100人ほどの金探鉱者やギャンブラー、「商売女」の道連れがいた。

ジェームズ・バトラー・ヒコック、人呼んでワイルド・ビル。ギャンブラーであり、名うての銃の使い手でもある。カンザス州ヘーズ市の保安官時代とテキサス州アビリーンの連邦法執行官時代に、何人か人を殺しているのも有名だった。南北戦争中は北軍の斥候、狙撃手、スパイを務めた。1876年8月2日、ポーカーをしている最中に、ジャック・マコールに背後から撃たれて死んだ。このとき手にしていたカードがエースと8のツーペアだったので、この手は「デッド・マンズ・ハンド」と呼ばれている。

カラミティ(災難)とあだ名されたマーサ・ジェーン・カナリー。誇らしげに男装して荒っぽくふるまい、悪態をつき、嚙みたばこを吐き捨てビールをがぶ飲みした。既婚者のワイルド・ビルに愛の告白をしたが、ビルのほうはジェーンを親友としかみなしていなかった。1891年に結婚。4年後にバッファロー・ビルの巡業「ワイルド・ウェスト・ショー」に出演し、1901年には汎アメリカ博覧会に登場した。その後はデッドウッドに戻って、1903年に亡くなった。

の大政奉還が行なわれて、近代化への道が開かれた。

ノウ・ナッシング党

アメリカで生まれたアングロ・サクソン人のプロテスタントは、ほぼ移民の子どもなのに、あとからやってきた移民とカトリック教徒を排斥した。後者は同じキリスト教徒でも、教皇に忠誠を尽くす輩だと見ていたのだ。

一八三七年にネイティブ・アメリカン協会（インディアンの組織ではない）が結成されると、一八四九年にそれにならってできた秘密結社オーダー・オブ・スター・スパングルド・バナーが、アメリカ党となった。この政党が俗にノウ・ナッシング党と呼ばれた理由は、その秘密主義にある。合い言葉と手の合図を使い、党員が会合や活動について聞かれたときは「何も知らない（I know nothing）」という決まりになっていたのだ。

ノウ・ナッシングは移民とカトリック教徒を選挙と公職から排除する運動を展開した。結成した直後から反響を呼んで、一八五五年の地方・国政選挙で勝利を収め、やがて米国連邦議会に議員一〇〇人以上を送りこんだ。知事にも八人の

1853年、マシュー・ペリー提督の軍は日本に上陸した。その後ペリーは米国政府に太平洋の島々を奪取するよう忠告している。

当選者を出した。この成功は長続きしなかった。翌年の一八五六年党大会では、黒人奴隷制度擁護派の議員が主導権を握った。一八六一年に国民の関心が南北戦争に向くと、衰退して二度と盛り返さなかった。この戦争では北軍でも南軍でも、アメリカ生まれの兵士が、新参の移民やカトリック教徒と肩を並べて戦ったのである。

奴隷制

アメリカの奴隷制度はヴィクトリア期には社会に根づいていた。一六〇〇年代に、西インド諸島とアメリカに奴隷を最初に運んできたのはイギリス人だった。それから間もなく、ニューイングランドの奴隷商人がその貿易のコツを飲みこんだ。ジョージ・ワシントンもトマス・ジェファーソンも、その他のアメリカ合衆国建国の父も奴隷を所有していた。一八〇四年には北部の全州が奴隷制を禁じ、その三年後には英国議会が奴隷貿易を禁止した。一八〇八年、米国連邦議会はそれ以降の奴隷の輸入を違法とした。

南北戦争の一年前、一八六〇年にアメリカで実施された国勢調査によると、奴隷の数は三九五万三七六〇人だった。そのうち四二万九四二一人を除いた数は、

奴隷は酷使され、多くの場合虐待された。所有者の意向で、子どもがほかの奴隷所有者に売られて家族がバラバラになることもあった。

ジョン・ブラウン

この襲撃の3年前には、ジョン・ブラウンと4人の息子と仲間が、罪のない奴隷制支持者5人を刃物で惨殺している。

1859年10月16日、過激な奴隷制廃止活動家のジョン・ブラウンが、21人のシンパを引き連れてヴァージニア州(現ウェストヴァージニア)ハーパーズフェリーにある国の武器庫を襲撃した。奴隷は期待に反して仲間にくわわらなかった。ブラウンが人質を取ると、ロバート・E・リー大佐(後の南軍の将軍)が、反乱を鎮圧するために派遣された。大佐の率いる米国海兵隊は、ブラウンに傷を負わせて捕らえ、信奉者10人を殺害した。ブラウンは反乱、反逆、殺人の罪で有罪になり、12月2日に絞首刑になった。

奴隷制廃止論者はブラウンを殉教者に祭り上げた。「ジョン・ブラウンの亡骸」という歌が流行し、後に題が「リパブリック賛歌」に変えられた。

すべて深南部の奴隷だった。綿花が重要作物で、労働集約型農業に頼っていた地域である。その一方で北部は産業革命で勢いづいており、奴隷制廃止運動の高まりからこの地域では全奴隷が解放された。一八二〇年の時点で自由州は一一州、奴隷州は一一州。あたらしく昇格した準州と州に奴隷制度を許すか否かの論争が起こった。連邦議会はいくつか妥協策を講じたが、どれもうまく行かなかった。

一八六〇年にエイブラハム・リンカーンが大統領に選出されると、南部の州は大統領の共和党が奴隷制を廃止するのを恐れた。一八六〇年一二月二〇日、サウスカロライナ州が先陣を切って合衆国から離脱。翌年には、さらに一〇州(ミシシッピ、フロリダ、アラバマ、ジョージア、ルイジアナ、テキサス、アーカンソー、ノースカロライナ、ヴァージニア、テネシー)が脱退して、南部連合を形成した。

　南部諸州は当初、平和裏に脱退できるものと思われた。リンカーン大統領は、すでに所有されている奴隷を手放させることはできないと述べている。「わたしにはそうできる法的権利はないと考えるし、そうするつもりもない」南部連合大統領のジェファーソン・デーヴィスは「われわれはただ、放っておいてほしいだけだ」と発言している。ニューヨーク・トリビューン紙は、南部諸州が脱退したいというなら、「われわれは平和裏に出て行かせればよいと主張する」と論説した。

　そうはならなかった。サウスカロライナが、チャールストン港内にある島の砦、サムター要塞を引き渡すよう合衆国に要求すると、リンカーンは返事代わりに増援部隊を送った。一八六一年四月一四日、南部連合軍がこの要塞に砲撃を開始して戦端は開かれた。翌日、死傷者がないまま要塞が明け渡されると、リン

首都ワシントンの政治家と上流階級の人々は、初戦となるブルランの戦いを観戦するためにはるばる戦場にやって来て、敗戦に終わると慌てふためいて逃げだした。

カーンは反乱鎮圧のために七万五〇〇〇人の義勇軍を募った。大統領も連邦議会もこの戦争は合衆国を分裂させないための戦いで、奴隷解放を目的としているのではないと口をそろえた。そのような言い方をしたのは、南部との境界にある奴隷州四州を合衆国側で戦わせるためだった。はたしてこの四州はその思惑に乗った。

一八六一年七月二一日、最初の大会戦が首都ワシントンに近いヴァージニア州マナサスで繰り広げられた。第一次ブルランの戦い（南軍の呼称はマナサスの戦い）は、意外にも南軍の勝利に終わった。北軍は潰走してワシントンまで逃げ戻り、二六四五人の人的損失を出した。対する南軍は一九八一人だった。

北軍は人的資源でも武器でも圧倒的優位を誇っていた。短期戦を予測して、南部連合国の首都ヴァージニア州リッチモンドを目指し進軍を開始したが、その歩みは遅々として進まなかった。四年間の紛争で戦闘の数を重ねるにしたがって、死傷者数も増加した。シャイロー、アンティタ一ム、フレデリックスバーグ、チャンセラーズヴィル、ゲティスバーグ、チッカモーガで激戦が繰り広げられた。推定される戦死者数は六一万八二二二人におよぶ。アメリカ史上最多の戦死者数だった。内訳は北軍が三六万二二二二人、南軍が二五万八〇〇〇人。ただし近年の人口調査は、総死者数が七五万人に届いていた可能性を示している。

一八六二年九月二二日、リンカーンは奴隷解放宣言を布告して、脱退した南部諸州のすべての奴隷を解放した。その背景には奴隷制度に反対の立場をとるイギリスに、南部連合国を公式承

認させない、という意図もあった。

戦闘はほぼヴァージニア州に集中した。ただし転回点となったのはそれ以外の二か所の戦闘である。一八六三年七月三日、ペンシルヴェニア州ゲティスバーグで、南軍のリー将軍が惨敗を喫した。その翌日には、グラント将軍が包囲するミシシッピ州ヴィックスバーグが、兵糧攻めで陥落。生命線となるミシシッピ川の支配権を北軍が奪い取った。

一八六二年三月九日には、史上初の装甲艦の一騎打ちがあった。南軍のヴァージニア(メリマックを改造)と北軍のモニターとの砲撃戦は、ヴァージニア州ハンプトン・ローズの海域で三時間にわたって繰り広げられたが、決着はつかなかった。外洋では南軍のため

ヴァージニア州の村、アポマトックス・コートハウスで、リー将軍(左に着席)はグラント将軍(その右に着席)に降伏した。

にイギリスで建造されたスクリュー推進のアラバマが、多くのイギリス人水兵を乗せて世界の海を巡洋した。アラバマは合衆国の商船六五隻を拿捕し、そのうち五二隻を焼き払った。

ボロの軍服をまとった南軍の兵は飢え、靴を履いている者は少なかった。一八六五年四月九日、リーはグラントの軍門に降った。首都ワシントンが戦勝に沸くなか、四月一四日にはリンカーン大統領が暗殺され、下手人のジョン・ウィルクス・ブースが追跡劇のすえに殺害された。南軍側で戦犯として処刑されたのは、悪名高きアンダーソンヴィル捕虜収容所の所長だけだった。この収容所ではおびただしい数の北軍の捕虜が命を落としている。

連邦議会は再建期に、反乱を起こした南部諸州に軍を進駐させ厳しい統制下に置いた。この状態は一八七七年まで一二年間続いた。これらの州が合衆国に復帰するためには、有権者の一〇パーセントが合衆国に忠誠を誓って署名することが絶対条件とされた。

南北戦争の名将軍

南北戦争では勝利を手にした将軍もいれば、勇敢に戦って破れ、命を落とした将軍もいる。そうした勇将のなかでも、他に抜きん出た傑物が次の四人である。

ユリシーズ・S・グラント　一八四三年に陸軍士官学校を卒業。米墨戦争に従軍。一八五四年に軍を離れて、農業と不動産業を始めたがどちらも失敗した。南北戦争には大佐として参戦して、二か月後に准将に昇進した。一八六二年二月、テネシー州のヘンリー砦で北軍初の勝利をあげて、南軍兵士一万五〇〇〇人を捕虜にした。

グラントが軍服に神経を使わず、戦況が落ち着くと酒に手を出すのは有名だった。グラント軍を取材した記者は、そうした戦闘の合間の飲酒を目撃したと述べている。

　ミシシッピ州ヴィックスバーグの包囲戦を六週間にわたり指揮して、一八六三年七月四日に陥落させると、グラントの名声は高まった。このとき捕虜にした敵兵は三万一六〇〇人におよび、南部連合国はミシシッピ川で真二つに分断された。一八六四年三月には連邦軍四軍の総司令官に任命された。グラントは、ロバート・E・リー将軍の南軍を追撃して何度か会戦を重ねた。そしてついに一八六五年四月九日、ヴァージニア州アポマトックス・コートハウスでリー将軍を降伏させた。

　終戦後、グラントは一八六八年の合衆国大統領選に勝利し、一八七二年に再選された。一八八五年と翌年に出版した回顧録には、次のような文章がある。「この戦争のおかげでわれわれは、偉大な力と英知をもつひとつの国家となった。もはや国内の平和と幸福、繁栄、そして他国からの敬意を守るためになすべきことはない」

ロバート・E・リー　グラントと同じく陸軍士官学校を一八二九年に卒業して、米墨戦争に従軍。一八五二年に陸軍士官学校の校長になったあと、騎兵隊とともにアメリカ先住民との戦いに身を投じた。一八五九年、米海兵隊を率いて、奴隷制廃止活動家のジョン・ブラウン武装蜂起を封じ身柄を拘束。一八六一年四月には、リンカーン大

南北戦争の前、グラントはミズーリ州セントルイス近郊で農業を営んでいた。意外なことに家の中で奴隷を3人使用していた。

統領から連邦軍陸軍司令官のポストを提示されたが、リーは南部連合国側についた故郷ヴァージニア州を敵にはできないとして固辞した。

開戦後准将に任命されたリーは、連合国の首都ヴァージニア州リッチモンドの防衛で、数に勝る敵に何度も優位を見せつけた。北ヴァージニア軍司令官として第二次ブルラン、フレデリックスバーグ（損耗人員は南軍の五三〇〇人に対し、北軍は一万三〇〇〇人）、チャンセラーズヴィル（敵の規模は二倍）での戦いを勝利に導いている。決定的な敗北を喫したのは、一八六三年七月三日、ペンシルヴェニア州ゲティスバーグの戦いだった。その後リーは南部に退却してグラントの大軍を迎え撃った。グラントはリーより多くの兵を失ったが、それでも南軍を上まわる勢力を保っており、一八六四年の冬にはヴァージニア州ピーターズバーグを包囲した。一八六五年二月六日、リーは南部連合軍全軍の総司令官に任命された。しかしその二か月後には、投降して戦争を終結させている。温厚さで有名な将軍は、それでもこう述べている。「戦争が悲惨なのはよいことだ。でないと夢中になりすぎてしまう」

リーは退役後、リッチモンドにあるワシントン大学（現在のワシントン・アンド・リー大学）の学長に就任した。また次のような言葉で、南部人に敗北と国が最統合されたことを受け入れるよう訴えた。「国の復興および平和と調和の回復のために、結束するのは万人の義務と考える」

リーは礼儀正しく人に敬意を払う人物として知られていた。戦争中はよほどのことがないかぎり、敵の北軍を「あの人たち」と呼んでいた。

ウィリアム・ティカムセ・シャーマン　一八四〇年陸軍士官学校卒。セミノール戦争でアメリカ先住民と戦った。銀行の支店長からルイジアナの陸軍士官学校の校長になる。連邦軍に大佐としてくわわり、第一次ブルランの戦いで旅団を指揮。准将に昇進した。グラントが一時解任されたときは心の支えとなり、ヴィックスバーグの包囲戦でともに戦った。

シャーマンは時折情緒不安定になると、甲高い声で独り言をいう癖があった。一八六一年一一月には陸軍長官に帰郷まで命じられている。このときはある新聞に「シャーマン将軍ご乱心」という見出しで報じられた。シャーマンはのちに振り返っている。「自分が正気を失っているときはグラントが寄り添ってくれたし、グラントが飲んだくれているときは自分が寄り添った。そして今ふたりはいつも互いに寄り添っている」

シャーマンはジョージア攻勢で一段と名をあげた。一八六四年九月一日にアトランタを落とすと、一一月には「ジョージアに吠え面をかかせる」と誓って、悪名高き「ジョージア横断行軍」もしくは「海への進軍」を開始した。配下の兵は食料品を盗んで家に火をかけ、市民に報復した。シャーマンはつづいて大西洋を望むジョージア州サヴァナに向かい、ノースカロライナ州まで北上して、ローリーで南軍に白旗をあげさせた。リー将軍の降伏から四日後のことである。平和が訪れたあと、シャーマンは端的に語っている。「戦争は地獄だ」

トマス・ジョナサン・ジャクソン　一八四六年陸軍士官学校卒。米墨戦争で戦ったあと、ヴァージニア州立軍事学校で教壇に

戦後、シャーマンは1869年に陸軍総司令官となり、1884年までこの要職にあった。

立った。一八五九年には教え子を引き連れて、奴隷制廃止活動家ジョン・ブラウンの絞首刑に立ち会っている。南北戦争開戦時に南軍の准将に任命された。早々に「ストーンウォール」(石の壁)ジャクソンのあだ名がついたのは、第一次ブルランの戦いで配下の兵と一歩も引かずに踏みとどまったからである。

この人物は奇癖で有名だった。レモンをしゃぶる、声を出さずに大口を開けて笑う、内臓をまっすぐにそろえるために背筋を伸ばしてすわる、といったことをするのだ。つねに敵の裏をかく優れた戦術でも名声を得た。一か月間で連邦軍を三度破ったときは、兵を戦場まで列車で輸送した。チャンセラーズヴィルでリーとともに前線にいたとき、薄暗いなか、味方の兵から誤射されて致命傷を負った。リーは左腕の切断手術を受けたと聞くと、こういって悲しんだ。「彼の人は左腕を失ったが、わたしは右腕を失った」ジャクソンはその一週間後に帰らぬ人となった。

ジャクソンは非常に信心深かった。酒もたばこもやらず、悪態もつかず、戦場で暇を見つけては祈る姿が目撃された。

――モリー・マグワイアズ

一八六〇年代から一八七〇年代にかけて、ペンシルヴェニア州の炭田地域一帯は荒れ狂うテロに支配された。アイルランド人の秘密組織、モリー・マグワイアズがアイルランド人労働者への偏見を覆すために闘争を展開したためである。この組織名の由来は、アイルランドのカトリック教徒の未亡人にあるという。未亡人はイギリス人のプロテスタントに連れ去られまいと、小さな家に隠れていた。アイルランド人の秘密結社が母国で過激な手段に出るときは、半ば決め台詞のように「モリーの息子の恨み！」と叫んでいた。

アイルランドでジャガイモ飢饉が発生すると、秘密結社のメンバーの多くがアメリカに新天地を求めた。その中には炭鉱労働者となって、炭鉱所有者を襲撃した者もいた。彼らは鉱山業者や警察官などの敵に脅しをかけ、実際に手をかけて重傷を負わせたり殺害したりした。さらには暴動を扇動して鉄道の石炭車を爆破した。一八七六年、こうした暴力が頻発したあと、鉱山業者は世に聞こえたピンカートン探偵社と契約した。すると探偵のジェームズ・マクパーランドが派遣されて組織の中に潜入した。複数のリーダーが告発されたのはその証言があったからである。一八七八年、二四人に有罪の判決がくだり、一〇人が絞首刑になった。その後出てきた証拠から、騒ぎの一端は鉱山業者の手先が起こしていたことが判明した。

カスター将軍最後の戦い

ジョージ・アームストロング・カスターは陸軍士官学校をクラスでビリの成績で卒業したが、南北戦争では北軍の将軍になった。長い金髪の巻き毛に自分でデザインした凝った軍

1877年6月21日、モリー・マグワイアズの死刑が執行された。6人がペンシルヴェニア州ポッツヴィルで、4人が同州のモークチャンクで絞首刑になった。

服と、人目を引く外見で有名だった。戦争が終わると、一八六六年に第七騎兵隊に中佐としてくわわってアメリカ先住民と戦った。一八六八年一一月には、インディアン特別保護区(現オクラホマ州)を流れるウォシト川で、シャイアン族を相手に一方的な勝利をあげた。

一八七六年、カスターは二手に分けられた縦隊のうち一個を率いて、ラコタ・スー族とシャイアン族の集合地のそばを移動していた。アメリカ先住民の側には、シッティング・ブル、クレージー・ホースといった影響力の強い部族長がいた。この機動の目的は、先住民を特別保留地に押し戻すことにあった。六月二四日の夜、カスター隊はモンタナ準州のリトルビッグホーン川の河畔に到着した。ここに先住民の野営地があった。その翌日、カスターは後続の縦隊の到着を待てという命令に従わずに、配下の兵を三隊に分けると、先頭に立って野営地への攻撃を開始した。

数に勝っていても先住民は逃げるだろう、とカスターはタカをくくっていた。だがそれどころか、騎兵隊は待ち伏せ攻撃に遭い、何千人という戦士の中に突入するはめになった。ほかの二隊は撤退して、襲ってくる敵を死に物狂いで撃退した。だがカスター隊は包囲され、士卒二六五人は一時間もし

カスターと配下の兵は、リトルビッグホーンで死ぬまで戦った。カスターの最後の戦いから唯一回収された騎兵隊旗は、2010年にオークションにかけられて3220万ドルで落札された。

ないうちに殲滅された。その中にはカスターのふたりの弟、補佐役のトマス・ウォード・カスター大佐と民間人の契約要員だったボストン・カスターも交じっていた。二日後、カスターが待つように命じられていた縦隊が到着して、先住民は退却した。

シッティング・ブル

シッティング・ブルは一四歳のとき、初参加した部族の模擬戦で大胆不敵さを印象づけた。一八六三年に米国軍との初戦を経験すると、一八六七年にはスー族全体の部族長になった。翌年、アメリカとの和平を受け入れて、ダコタ準州(現サウスダコタ州)の中にスー族の特別保留地を確保した。だがブラックヒルズで金が見つかると、一〇〇〇人もの金探鉱者が保留地と指定された土地に殺到した。スー族は他地域に移住して、戻るよう命じられても応じなかった。

スー族を立ち退かせるべくジョージ・クルック将軍の兵が迫ると、シッティング・ブルはスー族、シャイアン族、アラパホ族の戦士を招集した。一八七六年六月一七日、インディアン軍はモンタナ準州のローズバッドの戦いで、米国軍兵士を退却させた。一八七六年六月二五、二六日のリトルビッグホーンの戦いで、襲撃側だったカスター隊が虐殺されたのは、この出来事のためだった[ローズバッドの偵察を命じられていた]。シッティング・ブルはその襲撃を待ちながら、肉体を虐め抜きトランス状態になって、兵士がイナゴのように空から降ってくる幻視を見ていた。

シッティング・ブルは生き延びた信奉者を連れてカナダに逃れたが、食料の供給を拒まれて四年後にはアメリカに戻らざるをえなくなった。一八八五年からはバッファロー・ビルの興行「ワイルド・ウェスト・ショー」(西部劇

シッティング・ブルは霊能力のある部族長で、ワカンタンカ（万物に宿る霊）から送られるイメージが見えると語っていた。

バッファロー・ビル

14歳のウィリアム・F(フレデリック)・コーディが雇われたポニーエクスプレスは郵便速達サービスで、「日々死の危険を冒す痩身の熟練騎手」を謳い文句にしていた。コーディは命を落とさずに、南北戦争では北軍にくわわり、斥候と騎兵隊員として働いた。1867年、カンザスパシフィック鉄道の建設作業員の食料供給のためにバッファロー狩りを始めて、バッファロー・ビルの異名をとる。自分でも17か月で4230頭のバッファローを倒したと豪語していた。コーディをはじめとする開拓者のハンターの乱獲が主たる原因で、インディアンは飢餓に苦しんだ。

1868年には軍に復帰し、アメリカ先住民との戦いに身を投じて名誉勲章を授与された。虚実を取り混ぜた三文小説に描かれて国民的英雄となり、芝居を自作自演した。1876年、再度斥候となり、シャイアン族の部族長イエロー・ヘアを白兵戦で討ち取った。1883年、バッファロー・ビルの「ワイルド・ウェスト・ショー」の興行を開始する。女性のアニー・オークリーが射撃の腕を披露したり、部族長シッティング・ブル本人が「カスター最後の戦い」の再現劇に登場したりと、趣向を凝らしたショーだった。1887年にはヴィクトリア女王の在位60周年記念式典でも披露して、ヨーロッパを巡業した。

1890年、サウスダコタ州ウンデッドニーで200人あまりのラコタ族が連邦軍によって虐殺された。コーディはその後の和平の成立に貢献している。ショーには1916年まで出演しつづけて、1917年1月10日に死去した。

バッファロー・ビルのショーでは、西部のテーマには合わない出し物が交えられることもあった。

団)に出演して、国際的な名声を得た。一八八九年にはゴースト・ダンス運動の巻きぞえを食った。インディアンはこのダンスを踊ると、先祖が蘇って白人の侵略者を一掃してくれると信じていた。アメリカ陸軍は心霊的な宗教の影響を危惧して、シッティング・ブルの逮捕に踏み切った。一八九〇年一二月一六日、グランド川のほとりにある彼の小屋にインディアン警官四三人と志願者四人が差し向けられた。一五〇人ほどの信奉者が救出しようとしたが、揉みあっているうちにシッティング・ブルは誤射されて即死した。この衝突ではそのほかにも一四人が死亡している。

中国人排斥法

正式名称は移民法という。一八八二年に制定された同法が俗に中国人排斥法と呼ばれるのは、熟練・非熟練を問わず、中国人労働者のアメリカ入国を禁じたからだ。米国連邦議会を通過しチェスター・A・アーサー大統領が署名した同法は、出国した中国人の再入国も禁じた。中国人は一八七〇年にはカリフォルニア州人口の八・六パーセント、労働人口の二五パーセントを占めていた。一八八〇年になると、アメリカに住む中国人は一〇万五四六五人を数えるようになり、そのうち七万

[Public No 71]

Forty-seventh

Congress of the United States, At the First Session,

Begun and held at the CITY OF WASHINGTON, in the DISTRICT OF COLUMBIA, on Monday, the fifth day of December, eighteen hundred and eighty-one.

An Act

To execute certain treaty stipulations relating to Chinese.

Whereas, In the opinion of the Government of the United States the coming of Chinese laborers to this country endangers the good order of certain localities within the territory thereof: Therefore, Be it enacted by the Senate and House of Representatives of the United States of America in Congress assembled, That from and after the expiration of ninety days next after the passage of this act, and until the expiration of ten years next after the passage of this act, the coming of Chinese laborers to the United States be, and the same is hereby, suspended; and during such suspension it shall not be lawful for any Chinese laborer to come, or, having so come after the expiration of said ninety days, to remain within the United States.

Sec. 2. That the master of any vessel who shall knowingly bring within the United States on such vessel, and land or permit to be landed, any Chinese laborer, from any foreign port or place, shall be deemed guilty of a misdemeanor, and on conviction thereof shall be punished by a fine of not more than five hundred dollars for each and every such Chinese laborer so brought, and may be also imprisoned for a term not exceeding one year.

Sec. 3. That the two foregoing sections shall not apply to Chinese laborers who were in the United States on the seventeenth day of November, eighteen hundred and eighty, or who shall have come into the same before the expiration of ninety days next after the passage of this act, and who shall produce

西海岸の住民は、失業の原因は多すぎる中国人労働者のせいだと決めてかかっていた。中国人排斥法は、ほとんどその声に押されるようにして成立した。

五〇〇〇人がカリフォルニアに集中していた。移民法が施行された年は、中国から三万九六〇〇人が渡米したが、その三年後にはわずか二二人になっていた。

この連邦法は特定の国からのアメリカ移民を排斥した最初の例となった。一〇年間の時限法だったが、更新されてさらに一〇年間の期限がついたときは、追加で中国人の身分証明書の所持が義務づけられて、違反者の国外追放が規定された。一九〇四年に恒久法になり、一九四三年に、第二次世界大戦で米中が同盟したあとようやく廃止された。

米西戦争

一八九五年、キューバはスペインからの独立を求めはじめたが、少しでも反乱の兆候があるとスペインに弾圧されていた。アメリカの大衆がキューバの大義を支持したのはそのためである。キューバの緊張を早くから伝えたひとりに、ウィンストン・チャーチル中尉がいた。中尉はスペイン軍側の軍事監視員という公の身分でありながら、デイリー・グラフィック紙の特派員を務めていた。

一八九八年二月一五日、米海軍の戦艦メインが原因不明の爆発を起こして、水夫二六〇人とともにハバナ港に沈んだ。メインは暴動からアメリカ人を救助するために、キューバに派遣されていた。アメリカでも扇情的な新聞のニューヨーク・ワールド、ニューヨーク・ジャーナルなどが、国民の開戦気分を煽り立てた。ジャーナルの社主で編集長のウィリアム・ランドルフ・ハーストは、イラストレーターのフレデリック・レミントンに電報で「君は絵を用意してくれ。こっちは戦争を用意する」と伝えて、開戦の仕掛け人とまでいわれた。

スペインはキューバの限定的な自治を認める方針を実行しつつあったが、米国議会は、有事に大統領の武力行使を認める決議案を可決した。一八九八年四月二四日、スペインがアメリカに宣戦布告。翌日、それに対しアメリカが宣戦布告を発した。五月一日、ジョージ・デューイ提督率いる米海軍小艦隊がフィリピンに向かい、マニラ湾でスペイン艦隊を撃沈した。八月、マニラは米軍兵士に占拠された。

キューバでは、ウィリアム・シャフター将軍麾下のアメリカ軍が、サンティアゴ付近で上陸した。セオドア・ルーズヴェルト中佐に率いられた第一義勇騎兵隊の顔ぶれも、その中にあった。この部隊は「ラフ・ライダーズ」(荒馬乗り)の名で親しまれた。アメリカはサンティアゴに総力を集中させて、パスクアル・セルベラ・イ・トペテ提督率いるスペイン大西洋艦隊をサンティアゴの港から追いだした。同艦隊はその後沿岸沿いに撤退したものの、七月三日にアメリカの砲撃を受けて全艦戦闘不能に陥った。

この一方的な戦争で、アメリカ側が出した戦死者はわずか四〇〇人だった。一八九八年一二月一〇日、米西戦争はパリ条約の締結をもって終結した。スペインはキューバの領有を諦めて、

配下のラフ・ライダーズ騎兵隊とともにポーズをとるセオドア・ルーズヴェルト大佐(ズボン吊り姿)。1060人の隊員と1258頭の馬とラバを擁していた。

セオドア・ルーズヴェルト

ルーズヴェルト大統領はみずからの外交方針について語るとき、西アフリカのことわざの「棍棒をもって穏やかに話せ」をよく引き合いに出した。

セオドア・ルーズヴェルトはハーヴァード大学を卒業後、1895年から97年までニューヨーク市警本部長を務めた。その後、米西戦争の戦場に赴く。開戦当時は海軍次官補だったが、この職を辞して第1義勇騎兵隊を編成し終戦まで指揮を執った。

この「ラフ・ライダーズ」には、大学生からギャンブラー、金探鉱者まで、雑多な人間が集まっていた。1898年7月1日のキューバでの戦いでは、ケトルヒルとサンファンヒルを駆けのぼった突撃で、スペイン軍を一掃して勇名を轟かせた。ラフ・ライダーズは兵員の3分の1を失い、この戦争の米軍部隊の中でもっとも高い死傷率を記録した。

この戦争でルーズヴェルトは英雄になった。終戦の年にはニューヨーク州知事に選ばれ、1901年に副大統領になった。その年、ウィリアム・マッキンレー大統領が暗殺されたために、42歳のルーズヴェルトが、アメリカ史上最年少の大統領となった。1905年に再選。任期中にパナマ運河建設を開始したほか、日本とロシアの和平の仲介をしてノーベル平和賞を受賞した。

ルーズヴェルトのあだ名の「テディ」はセオドアの愛称である。大統領がミシシッピに狩猟に出かけたとき、黒熊(小熊ではなく老熊)を撃とうとしなかったエピソードがある。それからぬいぐるみのクマに「テディ」の名が使われるようになった。

プエルトリコとグアムをアメリカに割譲し、フィリピンの統治権を二〇〇〇万ドルで譲り渡した。アメリカは植民地帝国を築いているのではない、と強弁したが、遠方の領地をあらたに獲得して、国際的な評価と国力が高まったことに誇りをいだいていた。

エドガー・アラン・ポーの小説
『アッシャー家の崩壊』の恐怖を
表現しようとした絵。

第七章

怪奇の世界

Gothic Lives

ヴィクトリア時代の人々はややもすると、奇妙でグロテスクであるために異常だったり危険だったりする人間に興味をそそられた。この興味をさらに掻き立てたのが、怪物を題材にした怪奇小説と、エレファント・マン、切り裂きジャックといった実在の人間だった。

どの社会も異常性に好奇心をいだくと同時に恐れるものだが、ヴィクトリア時代は大衆向けの新聞がそうした感覚を増幅させていた。「ホワイトチャペルのバラバラ殺人事件」、「おぞましくも切断された胴体と切り刻まれた顔」などといった衝撃的な見出しで、殺人などの犯罪を強く印象づけたのだ。

それにくわえて、ドラキュラやフランケンシュタインの怪物が出てくる大衆小説を読んで、吸血鬼と怪物が本当にいると信じる者もいた。見世物小屋（フリーク・ショー）と旅回りのサーカスも人々を引きつけてやまなかった。何しろシャム双生児からひげ女にいたるまで、よりどりみどりの奇人変人を見物できるのだ。またこの時代には、ベドラム病院で組まれていた見学ツアーを記憶にとどめる者も多かった。このツアーは頭のイカレた「人間の奇形（フリーク）」を見せて、笑いものにしていた。

❖——フランケンシュタイン

イギリスの作家メアリー・シェリーは、一八一八年に刊行した小説にフランケンシュタイン博士が造った怪物を登場させた。怪奇幻想のゴシック小説、『フランケンシュタインあるいは現代のプロメシュース』(菅沼慶一訳、共同文化社)は、発売直後から飛ぶように売れた。一九世紀の読者を魅せたのは科学とホラーの組み合わせだった。この作品は、サイエンス・フィクションの草分けとして位置づけられている。実験室で生命を誕生させる危険性というのは、ヴィクトリア時代から魅惑的なテーマでありつづけている。無数の著作物や映画がそうした着想から、フランケンシュタインの困惑して怯えた人造人間よりはるかに邪悪な怪物を生みだしている。

メアリー・ウルストンクラフト・ゴドウィンは、一七九七年八月三〇日にロンドンで生まれた。一八一四年には、若き詩人のパーシー・ビッシュ・シェリーとフランスに駆け落ちする。シェリーの最初の妻が自殺したあと、一八一六年にふたりは結婚した。この本のアイディアが生まれたのは、バイロン卿とその主治医で

メアリー・シェリーは『フランケンシュタイン』以外にも小説を何作か書いている。1826年作の『最後のひとり』(森道子他訳、英宝社)は、疫病による人類滅亡がテーマだった。

あるジョン・ポリドリ（後に『吸血鬼』〈『ドラキュラ、ドラキュラ』所収、種村季弘編・佐藤春夫訳、河出書房新社〉を著した）などと一緒にジュネーヴで過ごした年だった。その夜は雷鳴が轟き稲妻が光っていた。ディオダティ荘ではろうそくが灯され、メアリーは生命の火とは何かという議論に耳を傾けていた。するとバイロンから怪談を書いて競い合おうという提案があった。寝ようとして目を閉じたメアリーの脳裏に、研究者がひざまずくかたわらで「自分の組み立てたもの」が、「生命のきざしを現して、不完全な命を伴った、不安げな動作で動き出す」イメージが思い浮かんだ（菅沼慶一訳）。のちに彼女は振り返って、その時「フランケンシュタインの怪物と『フランケンシュタイン』の本が同時に誕生したのだ」と述べている。

メアリー・シェリーは一八二二年に夫に先立たれると、ロンドンに帰郷して小説や伝記、紀行本などを執筆して作家としての輝かしい経歴を築いた。一八五一年二月一日に没した。

マダム・タッソー

マリー・タッソーは一七六一年、フランスのストラスブールで、マリー・グロッショルツとして生まれた。蠟人形作りを教わったのは医者からである。一七八〇年にはルイ一六世の妹の芸術教師となり、王家とともにヴェルサイユ宮殿に居住した。一七八九年のフランス革命後は母親とともに監獄に入れられたが、斬首されたばかりの王と王妃、そのほかの貴族のデスマスクを制作して自由の身になった。一七九四年、師としていた医者が亡くなり蠟人形展を引き継ぐ。翌年にはフランソワ・タッソーと結婚した。

一八〇二年、夫のもとを去り（二度と会うことはなかった）、ふたりの息子を連れて「このときは長男だけだったという説もある」海を渡り、ロンドンのライシーアム劇場で蠟人形を陳列した。ナポレオン戦争のためにフランスに戻れなかったので、その後の三三年間はイギリスとアイルランドの各地で蠟人形展を開催した。一八三五年、ロンドンのベーカー・ストリート・バザールを拠点に定めると、この会場に設けた特別室が「恐怖の部屋」となった。展示されたおよそ四〇〇点の蠟人形の中には、フランス革命の犠牲者にくわえて、有名人のジョージ三世やベンジャミン・フランクリンなどの蠟人形もあった。タッソーは一八五〇年に天寿を全うした。蠟人形館は一八八四年に孫息子によって現在の所在地、ロンドンのメリルボーンロードに移転された。今日、マダム・タッソー館は世界中に一〇か所あり、アメリカに四館が存在している。

マダム・タッソーも蠟人形になっている。亡くなる8年前に蠟で像を自作したものだ。

シャム双生児

結合双生児のチャンとエンは、一八一一年にシャム（現在のタイ）で生まれた。そのため今でも「シャム」は、結合双生児を指す俗称となっている。チャンとエンの腹部にある結合部分は一〇センチほどの長さだった。旅行中のイギリス人商人がその商業的価値を見出して、ふたりが一八歳のときアメリカに移住するよう説得した。ボストンに到着したふたりは、「シャムの双子」として見世物に出された。奇形芸人（フリーク）として有名になり、ショーで前後の宙

ロンドン万国博覧会

1835年にロンドンで常設の蠟人形館を開いたマリー・タッソーは、フランス革命の陰惨な展示物のために特別室を設けて、入場料6ペンスを取った。1846年、パンチ誌がこの部屋を「恐怖の部屋」と名づけた。この部屋には大勢の人々が詰めかけて、展示物を食い入るように見つめた。何よりも視線を集めたのは、斬首されたルイ16世とマリー・アントワネット、ドゥ・バリー夫人(ルイ16世の愛人)、ロベスピエールの首だった。再現されたギロチン台も展示された。

タッソーは、絞首刑になった殺人者など、犯罪者の蠟人形も展示にくわえている。1886年の時点で陳列されていたのは、1820年にイギリスの閣僚全員を暗殺しようとしたアーサー・シスルウッド、1828年にスコットランドのエディンバラで、解剖用の死体を医者に売るために16人を殺害したウィリアム・バークとウィリアム・ヘア、1849年に夫と共謀して自分の愛人を殺害したマリー・マニング、連続毒殺魔で1783年に絞首刑になったメアリー・アン・コットンなどだった。

2016年、恐怖の部屋は当面のあいだ閉鎖されることになった。子ども連れの家族から、小さな子どもには精神的ショックが大きすぎるとの苦情が相次いだためである。マダム・タッソー館で最近新しく取り入れられた趣向に、扮装した役者がいきなり飛びだして、通り過ぎる入場者に向かって叫ぶ、というものがある。

フランス国王ルイ16世と王妃マリー・アントワネットの首。デスマスクから作られた可能性が高い。

返りも披露した。一八三〇年にロンドンに渡り、翌年からヨーロッパを巡業した。

チャンとエンは一〇年間興行したあと大金を手にして引退すると、ノースカロライナ州で土地と奴隷数十人を購入した。アメリカの市民権を取得する際には、帰化局で後ろに立っていた男から名字を借用してバンカーとした。一八四三年、サラとアデレードのイェーツ姉妹と結婚。姉妹の説得で予定されていた夫らの分離手術は中止された。この結婚に大衆は衝撃を受けて、猛烈な反応を示した。姉妹の父親は家の窓ガラスを割られて、作物を焼いてやると脅迫された。ある新聞はこの結婚を「獣道に落ちるもの」と決めつけ、別の新聞は妻たちを「四足獣」との結婚の罪で告発すべきではないかと問いかけた。それでも両夫婦の仲は円満であるのが証明されて、一八四四年にはそれぞれの妻が子どもを産んだ。ふた組の夫婦は二一人の子宝に恵まれている(チャンが一〇人、エンが一一人)。

金を使い尽くすと、双生児は巡業を再開した。イギリスでは一部の新聞が、「人間の化け物」を夫や父親として見ることに「嫌悪感」をもよおすと直言した。チャンは一八七〇年に脳卒中を患って右半身不随になった。以来、深酒を重ねて一八七四年一月一七日に亡くなった。エンはただ「それならオレも死ぬ」といって、二時間半後に兄のあとを追った。

1831年にチャンとエンがフランスに渡航しようとすると、フランス当局は、ふたりの姿を見て女性がショックを受けるのを懸念して、入国を禁じた。

エドガー・アラン・ポー

恐怖と戦慄の世界を描いた、短編小説と詩でおなじみのアメリカの作家ポー。一八〇九年一月一九日にマサチューセッツ州ボストンで生まれた。怪奇短編小説の代表作には、『アッシャー家の崩壊』(一八三九年)、『早すぎる埋葬』(一八四四年)などがある。一八四一年作の『モルグ街の殺人』は、初の近代的な推理小説とされており、一八四五年の物語詩『大鴉』は全国紙で高い評価を受けて、今でもその人気を保っている。

ポーの人生は名声と挫折に満ちあふれていた。名門ヴァージニア大学は、ギャンブル好きがたたって一八二六年に退学した。軍へはエドガー・A・ペリーの名で入隊した。後見人の計らいでウェストポイントの陸軍士官学校に入学したものの、ポーは一週間授業と教練をサボって思惑通り退学処分を受けている。

その後ニューヨーク市に出て詩集を出版した。一八三五年にヴァージニア州リッチモンドに移ってサザン・リテラリー・メッセンジャー誌の編集長になり、一三歳の従姉妹のヴァージニア・クレムと結婚した。この職も飲酒癖のせいで解雇された。一九三九年にようやくフィラデルフィアに落ち着いてバートンズ・ジェントルマンズ・マガジン誌の共同編集者になり、

ポーは酒癖が悪く人前で飲み騒いだ。そのため麻薬中毒だと思われていた。

同誌で超常的怪奇小説『アッシャー家の崩壊』を発表した。一八四二年には『赤死病の仮面』を執筆。一八四四年、イヴニング・ミラー誌の共同編集者になった。

一八四九年、ポーの死の予兆は、リッチモンドを発ってメリーランド州ボルティモアに向かうあいだに現れていた。ポーが投票所のそばのどぶの中に倒れている状態で発見されたのは、そのほぼ一週間後の一八四九年一〇月三日だった。意識が混濁していて、みすぼらしい古着を着ていた。四日間精神錯乱に陥り幻覚にうなされて、ついに一〇月七日、力尽きた。亡くなる前夜ポーは、しきりに「レイノルズ」と叫んでいたが、この名前が何を意味するかはわからずじまいだった。

ポーの死因は公式文書には脳の腫脹と記載された。だがその死に方があまりにも謎に包まれているために、スミソニアン協会誌は、次のような九つの死因がありえるとしている。アルコール、インフルエンザ、殺人、脳腫瘍、狂犬病、ならず者の暴行、選挙の候補に強制的に投票させられたあとの暴行、屋内照明が原因の一酸化炭素中毒、医者の処方による重度の水銀中毒。

P・T・バーナム

P・T・バーナムは、リングリング・ブラザーズ・アンド・バーナム・アンド・ベイリー・サーカスの共同創設者としての印象が強い。だが、バーナムがこの企業の経営に参加したのは六〇代になってからである。それ以前はニューヨーク市に所有するアメリカ博物館で「驚異」(たいてい奇形芸人(フリーク))を見世物にして名を売っていた。珍奇な見世物の中には、シャム双生児のチャンとエンのほかに、バーナムに親指トム将軍の芸名をつけられた小人のチャールズ・ストラットン、スイス人のひげ女ジョセフィン・クロフリアがいた。オランウータンの頭部と魚の胴体をもつ

バーナムが死去したとき、ワシントン・ポスト紙は「実在したアメリカ人で誰よりもひろく知られた」人物と評した。

フィージー（フィジー）の人魚の剝製は、後世に偽物であるのが判明している。

フィニアス・テーラー・バーナムは、一八一〇年七月五日、コネティカット州ベセルで誕生した。一八三四年にニューヨークに出て、翌年には初のインチキ興行で成功を引き寄せた。呼び物は、ジョージ・ワシントンの乳母だったという、一六一歳のアフリカ系アメリカ人の老婆だった。一八四二年にはアメリカ博物館を買い取り、展示物に蠟人形と動物の剝製、生身の奇形芸人をくわえて、豪華なショーを催した。誇張した宣伝文句につられて来場した八二〇〇万人の中には、チャールズ・ディケンズや皇太子時代のエドワード七世もいた。博物館が二度の火災で壊滅的被害を受けたあと、一八六八年、バーナムはここを売却した。

バーナムは本格的な興行でも大成功を収めている。たとえば著名なスウェーデン人ソプラノ歌手のジェニー・リンドをアメリカに連れてきたときは、スウェーデンのナイチンゲールというキャッチフレーズをつけた。一八五〇年にニューヨークで開いた最初のコンサートには五〇〇〇人の観客が詰めかけ、ほかの会場でもそれ以上の集客を記録した。

一八八〇年にサーカス業界に参入したときは、すぐさま「地上最大のショー」と銘打ち、巨大な象のジャンボを目玉にくわえて、隣接する三会場で同時にショーを開催した。ジャンボという名称は今でも大きいものを言い表すのに用いられている。恒例の奇形芸人の余興も継続した。

バーナムは八一歳になって重病を患うと、ニューヨークの新聞に死亡広告を出した。生きているうちに自分の功績を讃える記事を読むためである。一八九一年四月七日、市長を務めていたコネティカット州ブリッジポートで死去。生涯を通して、くわせ者の興行師としてのイメージを楽しんでおり、「ペテン師の王子」を自称した。「カモはいつでもどこにでもいる」ということわざは、昔から根拠もなしにバーナムの言葉とされている。

親指トム

一八四二年、バーナムはチャールズ・シャーウッド・ストラットンに引き合わされた。四歳の男の子なのに、体重はわずか六・八キロ、身長は六六センチしかない。商業的価値に目をつけたバーナムは、チャールズを雇い「小人の親指トム将軍」としてポスターで宣伝した。トム将軍は一一歳で、イギリスから渡米したばかりという触れこみだった。

観客はミニサイズの小人を見て目を丸くした。トムはバーナム博物館の珍しい生き物の部屋に入れられた。またイギリス興行にもくわえられて、ヴィクトリア女王への拝謁を許された。このときトムは小生意気な歌を何曲か歌って、物まねを披露した。御前から下がろうとするとスパニエル犬が吠えはじめたので、ちっぽけな剣を抜いて犬と戦うまねをした。すると女王からも廷臣たちからも笑い声があがった。女王はその後トムに二度目の拝謁を許している。

バーナムと親指トムはその後もヨーロッパ

バーナムは4歳のチャールズ・ストラットンを11歳と紹介して、小ささへの驚きを倍増させた。

> 最終的に身長が九九センチまで伸びた親指トムは、ヨーロッパ中で五〇〇〇万人の観客を動員した。

各地を巡業して、フランス、ドイツ、ベルギーの熱狂した群衆の前で時代劇を演じた。最終的に身長が九九センチまで伸びたトムは、五〇〇〇万人の観客を動員した。

一八六三年にバーナムはチャールズの結婚相手として、これもまた小さなラヴィニア・ウォーレンを見つけた。結婚式はニューヨーク・タイムズ紙などの新聞のトップで報じられた。式のあとには、リンカーン大統領が新郎新婦のためにパーティーを催した。バーナムはふたりの子どもとして披露するために何人もの赤ん坊のギャラを払ったが、ごまかしが面倒になると死んだと発表した。小人夫婦はチャールズの故郷コネティカット州ブリッジポートの町に落ち着き、小さな家具をそろえた家に住んだ。一八八三年、チャールズは四五歳で急死した。

エレファント・マン

ジョゼフ・メリックは、原因不明の病気のためにひどい奇形になった。頭囲は一メートル近くまで増大し、顎が歪んだので話がしにくい。右腕と両脚も肥大して腰が変形したので、杖をつかないと歩けない。後頭部では海綿状の皮膚が増殖した。

メリックは一八六二年八月五日にイギリスのレスターで生まれた。生後しばらく異常は認められなかったが、五歳のとき骨と皮膚の異常増殖が始まった。一七歳になると救貧院に入所し閉鎖的な生活を送ったが、四年後の一八八三年にはそのような境遇から逃げだして、見世物小屋に奇形芸人として出演しはじめた。一八八六年、ロンドンの興行でそんなメリックをロンドンの医師フレデリック・トリーヴスが見かけて、王立ロンドン病院で治療をする

ジャンボ

1880年、P・T・バーナムはロンドンの動物園で巨大な7トンのアフリカ象に出会い、2年後に1万ドルで購入した。この20歳になるオスの象は、1865年にパリの動物園から移送されていた。ジャンボ(Jumbo)というのは、スワヒリ語の「jambo」(こんにちは)と「jumbe」(部族長)を合わせた名前だ。ヴィクトリア女王は象を国の宝と思ってその売買に抗議したが、中止にはならなかった。ニューヨークへ輸送するために、ロンドンの波止場までジャンボを入れた木箱を引くのに、馬10頭が必要だった。ニューヨークには1882年4月9日に到着した。体高3.5メートルのジャンボは、屋内興行場(後のマディソンスクエアガーデン)で披露されたあと、バーナムのサーカスにくわえられて専用の貨車で巡業した。3年間で約2000万人がその姿を見ている。

1885年9月15日、ジャンボはカナダのオンタリオ州セントトマスの町で急行列車と衝突して死んだ。列車にぶつかりそうになった小さな象を突き飛ばして、命を救ったとも伝えられている。バーナムはジャンボを剥製にして、サーカス小屋の隣で展示していたが、2年後にボストンの博物館に寄贈した。ところが1975年の博物館の火災で剥製も被害に遭った。残った骨格標本は、ニューヨークのアメリカ自然史博物館で保存されている。

ジャンボが死ぬと、バーナムは高さ4メートルの骨格と剥製とともに海外を巡業した。

許可を取った。トリーヴスが興味をもったために、ロンドンの上流階級の人々も関心を寄せて、当時「エレファント・マン」として知られていた人物を見るために見舞いに訪れた。一八九〇年四月一一日、二七歳のメリックはふとしたはずみで頭の重みのために窒息死した。

メリックの骨格標本は、現在ロンドン大学クイーン・メアリー医学部の個室に保存されている。

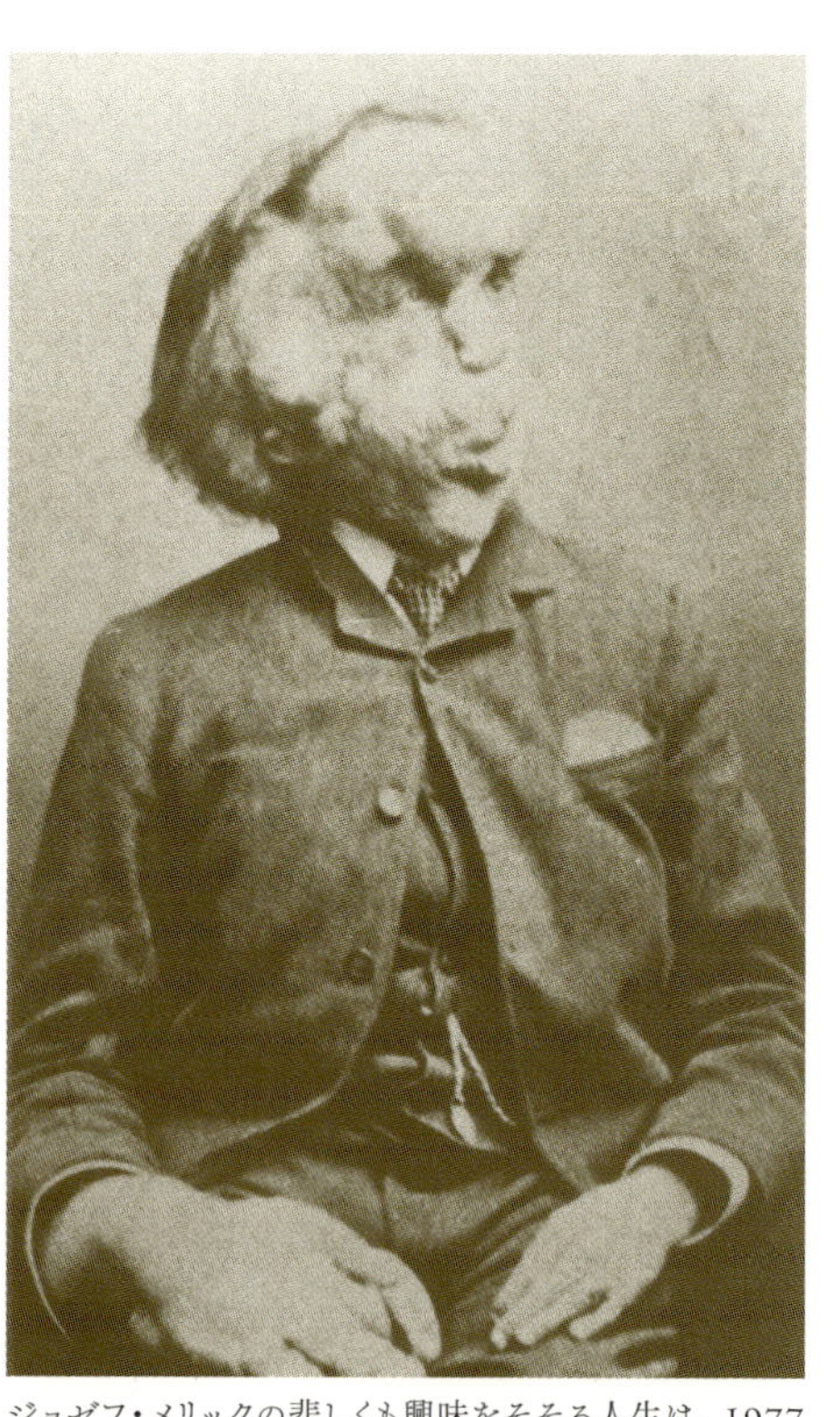

ジョゼフ・メリックの悲しくも興味をそそる人生は、1977年に『エレファント・マン』として舞台化され、1980年に同題で映画化された。

ジキル博士とハイド氏

ロバート・ルイス・スティーヴンソンの一八八六年の短編小説『ジキル博士とハイド氏』は、ヴィクトリア時代の読者を震撼させた。この小説は、普通の人間の中にも悪は存在していること、ヴィクトリア朝の人々の立派な体面は邪悪さ、もしくは少なくとも邪悪な考えを隠す仮面であることを示唆していた。筋書きも、実験室の科学者の手で造られる怪物の物語を踏襲していた。人から敬われるヘンリー・ジキル博士は、自分を残忍なエドワード・ハイドに変身させる血清を発見する。ジキルがハイドになりたいという衝動に虚しい抵抗をしているうちに、血清なしでも変身が起こるようになる。変身をもとに戻す血清も発見したが効き目が現れなくなり、このままではハイドのままでいることになると悟ったジキルは自殺する。

スティーヴンソンは一八五〇年一一月一三日に、スコットランドのエディンバラで生まれた。エディンバラ大学法学部を一八七五年に卒業したが、法律の道には進まず、フランスに渡って紀行本を書いた。一八七七年には短編小説を書きはじめた。この頃の代表作に、不気味な伝奇物語を集めた『新アラビア夜話』がある。一八七九年、アメリカ人女性のファニー・オズボーンと暮らすためにカリフォルニアに移った。ファニーは不誠実な前夫との離婚歴があり、スティーヴンソンとは一八八〇年に結婚した。

スティーヴンソンは結核に苦しみながらも、代表作の小説『宝島』を執筆して一八八三年に刊行した。また『ジキル博士とハイド氏』と同じ年の一八八六年に『誘拐されて』(大場正史訳、角川書店)を発表した。夢で着想を得た『ジキル』のおかげで、多くの読者を獲得して著名人になっ

1880年代末のポスター。ヴィクトリア時代の良識人から純粋な悪に変わる、ジキル博士のおぞましい変身を強調している。

たことは、翌年渡米したときに実感された。一八八八年以降の余生を、南太平洋の島々を巡って過ごした。一八九四年一二月三日に亡くなり、移住していたサモア諸島のバエア山の頂上に葬られた。

グレート・ファリーニ

カナダの偉大なショーマンおよび興行主として名を成したウィリアム・レナード・ハント。ギリェルモ・アントニオ・ファリーニ閣下を名乗り、ポスターで自分をグレート・ファリーニとしてでかでかと宣伝した。一八三八年六月一〇日、ニューヨーク州ロックポートに生まれた。両親はカナダ人で、一八四三年には家族とともにカナダのオンタリオ州ホープタウンシップ（現ポートホープ）に移住した。その後綱渡り師として修行を積み、一八六〇年にはずだ袋

「失われた環」

クラオはラオス人の少女で、全身を黒い剛毛で覆われていた。ロンドンには1882年に到着した。ヴィクトリア時代の人々が、1859年に発表されたチャールズ・ダーウィンの進化論についていまだに議論を戦わせていた時期である。クラオは類人猿と人類のあいだの「失われた環」であると宣伝された。クラオをロンドンのロイヤル・アクアリウムで見世物にしたのは、グレート・ファリーニことウィリアム・ハントだった。このカナダ人興行師は少女を発見した探検隊に資金を提供しており、のちにクラオを養子にした。

1883年、ファリーニは彼女をアメリカ博物館の出し物にした。するとクラオは樹上生活をするサルのような人間とともに暮らしていた、と巧みな作り話をするようになった。アメリカの新聞は、それにしては頭がよいとその話を疑ってかかった。1885年には、小さな中西部のサーカス団とともに奇形芸人（フリーク）として巡業。週に200ドルを稼いだ。その後はニューヨークの博物館の見世物になった。頬袋に食べ物を溜めこみ、類人猿のように肋骨が13本あって、ゴリラのようなヒトにない背骨がある、という触れこみだった。ブルックリンに移ったあとは、行楽地コニーアイランドでひげ女として見世物に出た。街中に出るときはベールをかぶっていた。1926年4月16日に他界。遺体が展示されるのを恐れて火葬を希望していたが、ニューヨークの法律では許されず、しかるべき埋葬が行なわれた。

一八八三年、ファリーニはクラオをアメリカ博物館の出し物にした。するとクラオは樹上生活をするサルのような人間とともに暮らしていた、という巧みな作り話をするようになった。

を頭からかぶったままナイアガラの滝に渡した綱を歩いてみせて、見物人の度肝を抜いた。またその後も背中に男ひとりを背負って、ナイアガラの綱渡りを成功させている。一八六六年には、空中ブランコ団のフライング・ファリーニを引っさげて、ロンドンとヨーロッパで大旋風を巻き起こした。呼び物となったファリーニのパートナーは養子にした息子だった。ただしポスターではルルという名の女の子になっていて、「世界の八つめの不思議」と宣伝された。

南北戦争では北軍にくわわった。その後、キューバのハバナで三万人の観客の前で、最初の妻を背負って綱渡りをしているときに、妻が群衆に向かって手を振りバランスを崩した。ファリーニはスカートをつかんだが、裂けてしまい妻は落下死した。

一八七六年、ファリーニは新たな曲芸の「人間大砲」に使用する装置を発明した。一八八二年にはロンドンの娯楽施設ロイヤル・アクアリウムで、奇形芸人（フリーク）と曲芸を披露しはじめた。出し物には、「失われた環」として宣伝されたクラオ、全身入れ墨のキャプテン・ジョージ・コンステンテヌスなどがいた。アメリカの興行師のP・T・バーナムと手を組んだ時期もあった。一八

ファリーニの「失われた環」、クラオ。ラオス生まれで体毛が濃かった。ファリーニは口上で、クラオはダーウィンの進化論を証明していると述べた。

八五年、アフリカのカラハリ砂漠を徒歩で横断。白人としてはじめてこの偉業を成し遂げて、カラハリの失われた古代都市を発見したと主張した。

一八八六年、三人目の妻となるドイツ人のコンサート・ピアニストと再婚。妻とともにイギリス、カナダ、アメリカ、ドイツに移り住んだ。ファリーニはドイツで三〇巻におよぶ第一次世界大戦史を書き上げている。植物学者、画家としても高名だった。一九二九年一月一七日、カナダのオンタリオ州ポートホープで九〇年の生涯を閉じた。

一八七六年、ファリーニは新たな曲芸の「人間大砲」に使用する装置を発明した。

タイムマシン

H・G・ウェルズの一八九五年の小説『タイムマシン』は、ヴィクトリア時代に誕生したSFの草分けだった。この中に登場する、名前を明かされないヴィクトリア時代の科学者がタイムマシンを作って、八〇万二七〇一年の未来に送られる。そこで科学者は、温和で怠惰な人種エロイに出会う。エロイの食べ物や衣服といった必需品の面倒は、地下に棲む人種モーロックが見ている。科学者は自分の時代に戻る前に、モーロックがエロイを殺して食人していることを知る。批評家の中には、ウェルズは進化で世界がよくなるというダーウィンの説にアンチテーゼを唱えていると考える者もいる。

ハーバート・ジョージ・ウェルズは、一八六六年九月二一日に英ケント州ブロムリーで生まれた。一八八八年にロンドン大学を卒業し、科学の教師になる。従姉妹との結婚が破綻したあと、元教え子と駆け落ちして一八九五年に再婚。『タイムマシン』はウェルズの処女作で、一夜にして大成功を収めた。彼のそのほかのSF小説には『透明人間』（一八九七年）、『宇宙戦争』（一八九八年）、『空間と時間の話（Tales of Space and Time）』（一八九九年）、『月世界最初の人間』（一九〇一年）、『モロー博士の島』（一九〇六年）がある。『モロー博士の島』には、実験で作られた「動物人間」と呼ばれる半人間が登場する。

ウェルズは地球温暖化や細菌戦の未来を見通していた。またレーザービーム、無線、テレビなど数多くの近代的な装置の登場も予見した。社会活動家でもあり、その後の半生の大半を平等・人権問題の運動に捧げた。基本的自由をテーマとした著書の『人間の権利』（一九四〇年、浜野輝訳、日本評論社）は絶大な影響力をおよぼし、一九四八年には国際連合が、その要点の多くを取り入れて世界人権宣言を採択した。一九四六年八月一三日、ロンドンで永眠し、遺灰は海に撒かれた。

H・G・ウェルズの小説の表紙。描かれている空想上のタイムマシンは画家がイメージしたもの。

狼人間

一九世紀末の典型的な狼人間譚とされるものに、一八九六年に出版されたクレメンス・ハウスマンの『白マントの女』（『狼女物語』所収、大貫昌子訳、工作舎）がある。この短編小説に登場するホワイトフェルという美女は、狼人間の仮りの姿で村人を殺害している。ホワイトフェルの残虐な狼人間の姿が見えるのは、村でもクリスチャンひとりだった。ところがクリスチャンの兄のスウェインがこの女にのぼせてしまう。最後にはクリスチャンがその名にふさわしく、スウェインを狼人間の次なる犠牲者にしないために、命をなげうつことになる。

ドラキュラ

ブラム・ストーカーのゴシックホラー小説『吸血鬼ドラキュラ』は、書き上げるまで七年を要している。一八九七年に出版の日を迎えて、ドラキュラ伯爵というキャラクターを世に送りだした。それ以前にもジョン・ポリドリの『吸血鬼』(一八一九年)のような吸血鬼を題材にした小説はあった。だが、ストーカーのトランシルヴァニアの吸血鬼には、ヴィクトリア時代の男性優位と抑圧された性の感覚に訴えるものがあった。これを原型として数多くの吸血鬼の物語と映画が作られて、今日も人気を博している。

アイルランド人作家のストーカーは、はじめこの物語を戯曲『生ける屍(The Un-Dead)』として書いた。一八七八~九八年のあいだ、ストーカーはロンドンのライシーアム劇場の営業責任者だった。そしてこの時期に、俳優ヘンリー・アーヴィングの流れるような動作と気取った身振りをもとに、芝居の吸血鬼像を作り上げた。アーヴィング

クレメンス・ハウスマンと劇作家の弟、ローレンス・ハウスマン。クレメンスは女性参政権運動の活動家だった。

には主役を演じてほしいと思ったが、断られたうえにそんな脚本は二度と見たくない、といわれた。ストーカーが、本の執筆に切り替えて調査を進める気になったのはそのためである。小説の吸血鬼は、「串刺しヴラド」ことヴラド・ツェペシュをモデルにしている。この人物は一五世紀のルーマニアの君主で、残虐でしばしば敵を杭に串刺しにしたので有名だった。ストーカーは吸血鬼の伝説を踏襲しながらも、ドラキュラがコウモリに変身するという、オリジナルの着想を盛りこんだ。

この本では神秘性と事実を組み合わせた、とストーカーは述べている。そして「人事不省の仮死状態になって、死んでもいないのに埋葬されることもありえる。その後死体を掘り起こしてまだ息があるとわかったら、そのことから人は恐怖にとらわれる。しかも無知ゆえに吸血鬼の仕業だと思いこむのだ」と説明している。

1992年の映画『ドラキュラ』のポスター。監督はフランシス・フォード・コッポラ。この映画の吸血鬼は吸血よりロマンスに心を奪われている。

1851年5月1日、
ロンドン万国博覧会の絢爛豪華な開会式。
ヴィクトリア女王とアルバート公が臨席した。

第八章

科学とテクノロジー

Science and Technology

ヴィクトリア時代の人々は、近代的な世界を創造していると確信していた。科学的な発見と発明が爆発的に増加したのは、ちょうど産業革命が起こって、革新的な消費者製品が大量生産され市場に出まわった時期だった。ヴィクトリア女王は、一八五一年のロンドン万国博覧会には「考えうるかぎりの発明品」があると誇らしげに述べている。

とくによく目につく変化は輸送手段に現れた。鉄道、地下鉄、自動車、そして自転車にいたっても、はじめて乗ったのはヴィクトリア時代の人々だった。それと同じくらい驚異的だったのが通信手段の進歩である。電気と電波の発見とともに電信と電話が出現した。娯楽もライブのステージを楽しむしかなかったのが、今や蓄音機での録音や活動写真の鑑賞が可能になった。何より重要なのが、近代医学が芽生えたことである。病原菌の発見から短期間のうちに、手術中に消毒剤が使用されて滅菌と低温殺菌が実施された。

汽船

アメリカ人は、ミシシッピ川の水運の時間短縮という目的があったために、汽船の開発にかけては先進的だった。ロバート・フルトンがはじめて建造した汽船は、単気筒蒸気機関を搭載し、オークとマツを燃やして両舷の外輪を駆動した。一八〇七年、フルトンはハドソン川で二四〇キロの試運転を成功させる。ニューヨーク州内のニューヨーク市を出発してオールバニーにいたる区間で、一本マストのスループ型帆船なら四日かかる距離を、三二時間で航行した。フルトンはその年のうちにハドソン川で、クラーモント号を使って初の汽船による営業運航を開始した。

一八一一年、フルトンの設計したニューオーリンズ号がペンシルヴェニア州ピッツバーグで完成した。フルトンと後援者のロバート・リヴィングストンは、この汽船をニューオーリンズ市に運んだ。ところが、ニューオーリンズ号は上流に向かう復路をミシシッピ州ナチェズより先に進めない。フルトンがニューオーリンズで建造したほかの汽船三隻も同じ運命をたどった。

一八一二年の米英戦争で、フルトンはニューヨークを英国艦隊から守るために、世界初の蒸気軍艦を考案した。一八一四年、フルトン号は重砲を装備し装甲をまとって進水した。ただし戦闘には参加しなかった。その数か月後に和平が結ばれたためである。

一八一六年にはフルトンのミシシッピ川での運送業の独占営業に、ヘンリー・ミラー・シュリーヴが食いこんだ。ニューオーリンズとケンタッキー州ルーイヴィルのあいだで、ワシントン号の運航を開始したのだ。この汽船は上流にまでさかのぼれるように、水深

フルトンのクラーモント号は、ニューヨーク市のチャールズ・ブラウン造船所で建造された。正式名称はノース・リヴァー・スティームボート・オブ・クラーモント。

ロバート・フルトン

ロバート・フルトンは、ペンシルヴェニア州でアイルランド人移民の子として生まれた。クエーカー系の学校に通ったあと、フィラデルフィアの宝石店の見習いになった。汽船で成功する前は、気宇壮大な発明を考えては失敗を繰り返していた。

フルトンは画家になり、1787年にロンドンに新天地を求めたが、ここで芸術的才能は認められなかった。また運河工学に興味をもったものの、考案した運河の設計はひとつも採用されなかった。1797年、フルトンはパリに移り、潜水艦ノーチラス号の設計を売りこもうとした。フランス政府が採用を渋ると、自腹で潜水艦を建造した。するとフランス政府からイギリスの船舶への攻撃を許可されたが、この潜水艦は遅すぎて獲物を取り逃がした。1804年にロンドンに戻ると、イギリス政府が潜水艦を気に入ったが、フランス船舶への襲撃は2度とも失敗に終わった。2年後にニューヨークでアメリカ政府の関心を引き寄せたときも、性能実験は惨憺たる結果だった。

フルトンの挫折の旅の先には、名声の道が開けていた。1801年にパリで出会ったロバート・リヴィングストンが、ニューヨーク州の河川での旅客汽船運航の独占免許を取得していた。このふたりがパリで建造した汽船は実用に近づいており、取り寄せた蒸気機関の部品を使用した新造船が、1807年にアメリカの試運転で成功を収めた。

フルトンはクラーモント号の成功から5年後には、河川6本とチェサピーク湾で旅客汽船を就航させていた。

の浅い場所でも航行できる設計に改められており、高圧蒸気機関を搭載していた。シュリーヴが追加した上甲板は、その後のミシシッピ川の全汽船に採用されておなじみの特徴となった。シュリーヴは一八三七年に、ルイジアナ州にシュリーヴポートの町を築いている。

汽船は綿花や砂糖といった物品の輸送手段としてだけでなく、豪華な遊覧船に進化し、乗客に凝った装飾の船室にくわえて娯楽とギャンブルを提供するようになった。ライバル汽船の船長は、よく抜きつ抜かれつのレースを展開して乗客を喜ばせた。この汽船の黄金期は一八七〇年代に終わりを告

イザムバード・キングダム・ブルネル

1806年、ブルネルは英ポーツマスでフランス人技術者の息子として生まれ、14歳でパリに留学した。1831年に彼が設計したクリフトン吊り橋は、今もブリストルのシンボルになっている。この橋のスパン(支持台間の距離)は世界最長だった。その後父親のマークとともに設計したテムズ・トンネルは、1843年に開通した。

1833年、ブルネルはグレート・ウェスタン鉄道の主任技師だったときに輝かしい貢献をした。レールの幅を広軌に選定したために、乗り心地がよくなり走行の所要時間が短縮された。ロンドンからブリストルまでの長い路線では、鉄橋やトンネル、陸橋などを設ける画期的な工事で、勾配と蛇行を減少させた。ブルネルが次に非凡な才能を発揮したのは、ブリストル、カーディフ、ミルフォードヘヴンなどの埠頭(ドック)周辺と、世界を驚かせた船舶3隻の設計だった。ブルネルのグレート・ウェスタン号は1837年に進水した当時、世界最大の汽船で、世界初の大西洋横断客船としてブリストルとニューヨークを結んだ。1843年進水のグレート・ブリテン号は、世界初の鉄製船体をもつ定期客船で、スクリュープロペラと蒸気で駆動された。近代船舶の元祖ともいえる船である。ブルネルはまた当時の世界最大の船舶、グレート・イースタン号の設計にもかかわっている。1859年、「リヴァイアサン」の異名で呼ばれたこの巨船の進水を見届けて、ブルネルは亡くなった。

ブルネルが設計したクリフトン吊り橋の建設会社は、資金に行き詰まった。ようやく完成したのはブルネルの死から30年後だった。

げる。延伸しつづけていた鉄道が大陸を横断して、川で結ばれていない町へも短時間で移動できるようになったからである。

鉄道

鉄道の長距離大量輸送はこの時代に開始して、郊外という新しい概念を生みだした。世界初の蒸気機関車による線路上での走行が成功したのは、一八〇四年、サウスウェールズ州の製鉄所内だった。設計と製作を手がけたのは、イギリス人の機械技師リチャード・トレヴィシックである。

一八二七年、アメリカでボルティモア・アンド・オハイオ鉄道が史上初の定期旅客運送を開始した。イギリスで旅客運送が始まったのは、一八三〇年、カンタベリーとホイットスタブルを結ぶ一〇キロの路線である。その年、リヴァプールとマンチェスターを結ぶ大動脈路線が開通したが、開業記念式典で議員が列車にひかれて死亡し、世界初の鉄道人身事故となった。

イギリスには一八四七年の時点で鉄道会社が五七六社あり、新しく敷かれた線路の全長は一万四〇〇〇キロを超えていた。だが鉄道の発展は、異なる軌間(レールの間隔)が存在するために伸び悩んでいた。一八四四年、標準軌間が導入されて、全国の鉄道網で相互乗り入れが可能になった。最後まで変更されなかった広軌は、一八三三年に天才技師、イザムバード・キングダム・ブルネルが、ロンドンとブリストルを結ぶグレート・ウェスタン鉄道のために導入した幅だった。

それほど大問題ではないが面倒だったのは、全駅に共通する標準時間がないことだった。現地時間の違いによって、事実上数分以内の差がある時間帯ができていた。たとえばロンドンからオクスフォードに向かう乗客は、腕時計を五分遅らせなければならない。この混乱は、ロンドンのグリニッジ標準時を全駅が採用することによって収まった。一八四〇年にその先頭を切ったのは、グレート・ウェスタン鉄道である。一八五五年にはほぼすべての駅が「鉄道時間」に切り替えていた。

他国もそれに負けじと鉄道運送の基礎を打ち立てた。カナダ初の路線は、一八三六年にセントローレンス－シャンプレーン湖間で開業した。その事前の試運転は、住民を驚かせないように夜間に行なわれた。インド初の旅客運送が開始されたのは、一八五三年、ボンベイ－ターネー間だった。その翌年には、オーストラリアのメルボルン－ポートメルボルン間で鉄道輸送が始まっている。中国初の鉄道は、イギリスの企業によって建設されて、一八七六年に上海－呉淞（ウースン）間で営業を開始した。

自動車

自走式車両の発想の起源は、一五世紀のレオナルド・ダ・ヴィンチにまでさかのぼる。一八世紀の発明家は燃料に空気、蒸気、石炭ガスなど、さまざまなものを試していた。一九世紀の初めにはパリの街頭に蒸気乗り合い自動車が出現しており、イギリスでも一八三

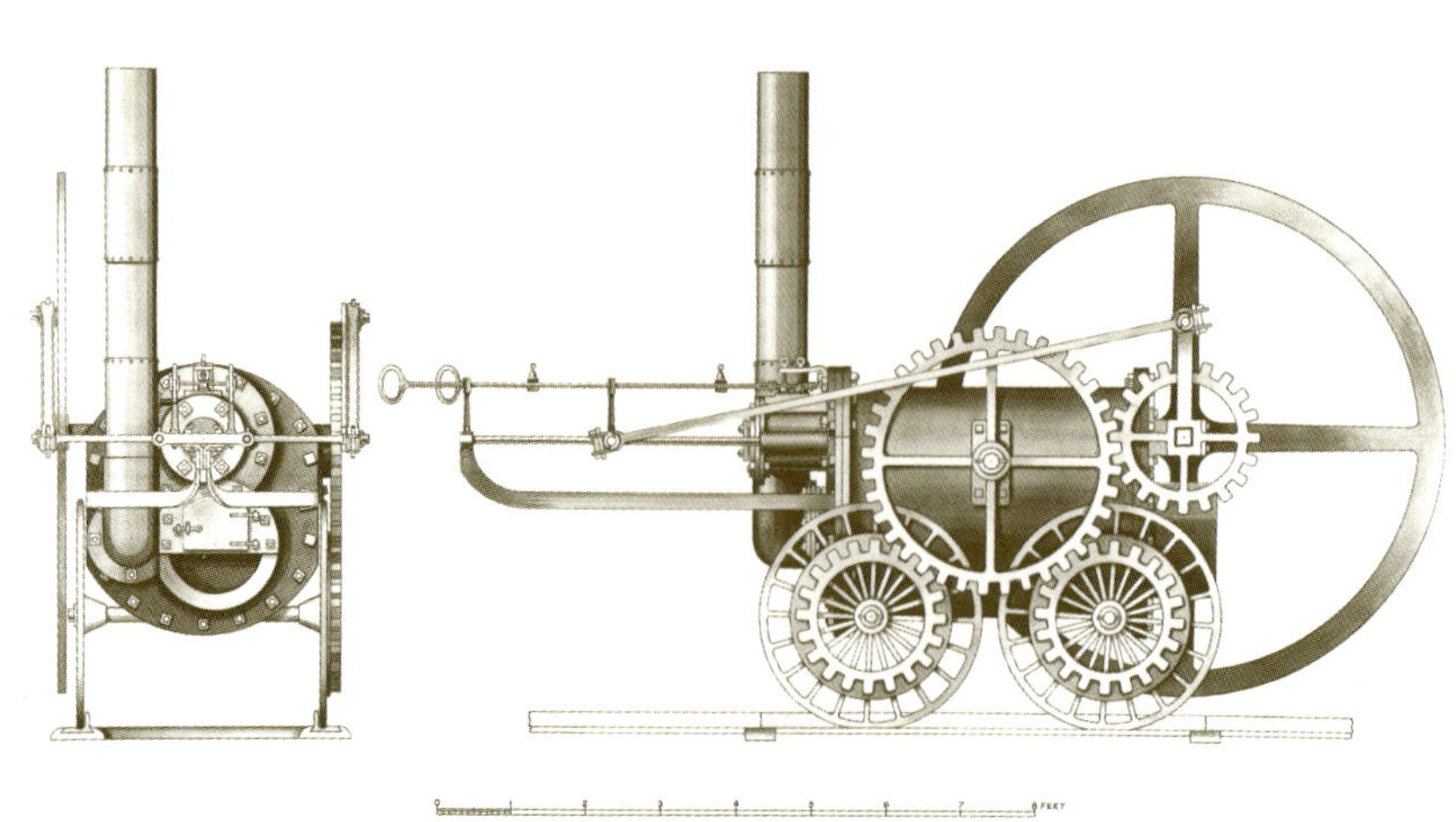

リチャード・トレヴィシックの蒸気機関車。鉄10トンを載せた貨車5両を引いて、15キロにわたり、初の歴史的試運転を成功させた。

○年代に蒸気乗り合い自動車の試運転が行なわれている。こうした車は騒々しくてもくもくと煙を吐き、危険でもあった。アメリカでは一八九六年に売りだされた蒸気自動車、スタンレー・スティーマーが成功を収めた。この国では一八九〇年にウィリアム・モリソンが世界初の電気自動車を製造していたが、当初は電池を効果的に充電する手段がなかった。

一八五八年、ベルギー人技術者のジャン・ルノワールが、内燃機関を開発してはじめて商業的に成功した。一八六〇年代にはガソリン車の実験がフランスとオーストリアで始まったが、強い影響力をおよぼしたのはふたりのドイツ人だった。カール・ベンツは一八八五年にはじめて三輪の自動車を作り、その一〇年後には四輪モデルのヴィクトリアとヴェロを一一三二台売り上げた。ゴットリープ・ダイムラーのガソリン車はその翌年に完成した。この試作車はエンジンを後方に積み、四速のギアを設けて四輪を一本のベルトで駆動した。ドイツ人ふたりが設立した二社は一九二六年に合

> 自走式車両の発想の起源は、一五世紀のレオナルド・ダ・ヴィンチにまでさかのぼる。

製作したガソリン車でポーズをとるチャールズ・ドゥリエー。この車の開発者が誰かをめぐって弟のフランクと揉めていた。

併してダイムラー・ベンツとなり、世界に名だたるメルセデス・ベンツのブランドで自動車の販売を開始した。

イギリスで本格的な自動車の製造が始まったのは、一八九一年にロンドンの技術者フレデリック・シムズが、ダイムラー・エンジンの製造ライセンスを所得してからである。シムズがライセンスをH・J・ローソンに売却すると、ローソンは一八九六年にデイムラー・モーター・カンパニーを立ち上げて、コヴェントリーで自動車製造を始めた。

アメリカでは一八九三年に、マサチューセッツ州スプリングフィールドでチャールズとフランクのドゥリエー兄弟が、この国初のガソリン車の製作に成功した。一八九八年になると、アメリカで設立された自動車メーカーは一〇〇社を超えていた。ランサム・イーライ・オールズが一八九九年から製造したオールズモビル・シリーズは、一九〇四年にアメリカの国産車としてはじめて商業的に成功した。その四年後にはヘンリー・フォードが、最初のT型モデルを大量生産ラインに送りだした。頑丈で安価なこの車は国民的人気を博した。

写真術

カメラ・オブスキュラ(暗箱)は、カメラが発明される数世紀前から投影像をとらえるために使われていた。暗い部屋もしくは箱の一面の壁に穴を一か所開け、その穴を通して反対側の壁に投影像を映す仕組みで、その像をなぞって下絵を作成した。一六世紀末にはレンズがくわえられたが、実像を紙に写すことが目的なのは変わらなかった。

一八二六年、フランスのジョセフ・ニエプスが、世界初の写真画像を撮影した。このアマチュア発明家は、カメラ・オブスキュラに白目[スズ合金]の板を設置し、そこに塗布した瀝青[天然アスファルトなどの固状の炭化水素混合物]を太陽の光で固まらせる手法（ヘリオグラフィー）で、窓から見える郷里の中庭の像を定着させた。露出時間は八時間だった。その年にニエプスはまた、アンボワーズ枢機卿の肖像画を三時間で複写している。白目の板で光の当たらなかった部分が溝となって残るため、版画が刷れた。

一八三七年、ニエプスの協力者のルイ＝ジャック＝マンデ・ダゲールが、この手法を改良して銀板写真法を考案した。銀メッキをした銅板に像を定着させるこの発明は、世界中に旋風を巻き起こした。ダゲールが写真を複製できたのは、一八三四年にウィリアム・ヘンリー・フォックス＝タルボッ

1838年、パリ早春の朝の風景。撮影者はダゲール。一般人の撮影で日付を信頼できるごく初期の写真だ。

マシュー・B・ブレーディー

ニューヨーク州生まれのブレーディーは、ニューヨーク市に出て宝石箱を作るつもりだったが、開発されて間もない銀板写真術に夢中になった。1844年、ブレーディーはニューヨーク市で写真館を開き、1849年に首都ワシントンでもう1軒出店した。1855年には湿板写真術に切り替えて、ワシントンのペンシルヴェニア通りにナショナル・フォトグラフィック・アート・ギャラリーを開店した。このスタジオは富裕層と有名人を引きつけた。エイブラハム・リンカーン大統領も何度も来店している。同時にブレーディーと助手のアレクサンダー・ガードナーが、カルト・ド・ヴィジット(名刺判写真)という小さめで安価な写真を始めると、南北戦争に息子を出征させる家族を中心に、一般市民が顧客になった。

戦争が勃発すると、ブレーディーは北部連邦軍の許可を得て従軍し、戦闘をカメラに収めた。戦場では機材と薬品を幌馬車で運びながら、危険な撮影をした。暗室にした馬車ではガラスのネガを現像できた。困惑した兵士は、馬車に「ホワッツイット」(なんだこりゃ)というあだ名をつけた。ブレーディーの視力が失われつつあったので、撮影をしたのはほぼ助手のガードナーとティモシー・オサリヴァンだった。そうした3500枚あまりの写真は、野営地での生活や戦闘直後に地面一面に横たわる死体の光景を捉えていた。戦時中の1862年9月、ブレーディーはニューヨークのスタジオで「アンティタームの戦死者」展を開いて戦場写真を公開した。史上初となる戦争の情景や生々しい死者、瀕死の重傷者、負傷者の写真に大衆は衝撃を受けた。戦争を今すぐやめるべきだという声もあがった。平和な世が戻った1873年、ブレーディーは破産に追いこまれて、戦場写真の原板をすべてアメリカ政府に2万5000ドルで譲り渡した。今日それが、米議会図書館の貴重なコレクションとなっている。

この写真がブレーディー。南北戦争が終結してから、南軍のロバート・E・リー将軍を訪ねてリッチモンドに行き、将軍宅の裏口で本人を撮影した。

トが、ネガポジ式の手法を考案したからである。この方法を用いると、感光紙にネガ像を貼りつけて写真を焼きつけられた。一八四〇年にフォックス＝タルボットは、現像と感光を止める像の定着のいずれも、薬液で行なえることを発見した。一八五〇年には、ニューヨーク市に七七の銀板写真の写真館ができていた。なかでも評価が高かったのが、マシュー・B・ブレーディーの写真館だった。ブレーディーは後に南北戦争の戦場を撮影して名をなしている。

一八六一年にはスコットランドの物理学者ジェームズ・クラーク・マクスウェルが、異なる色のフィルターを使って初のカラー写真を撮影した［プロジェクターで再現した］。その画像の撮影者トマス・サットンは、イギリスの発明家で、一八五〇年代末に一眼レフカメラを開発した。一八五九年には広角レンズを装着したパノラマカメラも発明した。

自転車

初の二輪の自転車を作ったのは、ドイツのザウアーブロン男爵カール・フォン・ドライスだった。一八一七年、ドライスはマンハイムでこの自転車に乗り一四キロを走行すると、翌年パリで何千人という観客に披露した。この試作品には「ドライジーネ」という名をつけて、ラウフマシーネ（走る機械）であると説明した。フレームは木製で、三角形の舵取りハンドル軸管には操舵用の小さな棒がついており、それで前輪の向きを変えた。また乗り心地をよくするための肘掛けがあり、シートには詰め物が入っていた。前に進むためには残念ながら、足で地面を蹴らなくてはならない。スピードは出てせいぜい時速一〇キロ弱だった。

翌年、イギリスの馬車製造者のデニス・ジョンソンが、そのほぼ模造品で特許を取得した。もっとも木製部分を金属に変えてはいたが。「ダンディホース」「ホビーホース」と名づけられたこの自転車は、時速一六キロの速さに達した。フランスのエルネストとピエールのミショー親子は、このモデルの前輪にクランクとペダルをくわえる改良をほどこした。「ヴェロシペド」(速歩機)と呼ばれたこの自転車は、木製の車輪に鉄製の外輪(リム)をつけたので、玉石を敷いた道ではハンドルがガタガタ揺れた。あだ名の「ボーンシェーカー」(骨ゆすり)はそこからついている。

一八三九年には、スコットランドの鍛冶屋の息子、カークパトリック・マクミランが今日の自転車と変わらない外観の自転車を完成させた。ペダルをくわえ、その回転をクランクから後輪に伝える仕組みで速度を向上させたのだ。この設計の特許は取得されなかったので、模倣する者が後を絶たなかった。なかでもスコットランド人ギャヴィン・ダルゼルは、一八四六年にそっくりの製品を作り、五〇年近く誤ってこの自転車の発明者とされていた。

前輪が巨大なペニー＝ファージングは一八七〇年代に登場した。発明者はパリのウジェーヌ・マイヤー。これを英コヴェントリーのジェームズ・スターリーが大幅に改良した。この名称の由来は、巨大な前輪とちっぽけな後輪にある。一ペニー硬貨と四分の一ペニー(ファージング)硬貨のように極端に大きさが違うというわけだ。この印象的な構造のために乗るのはひと苦労だったが、やがて鉄製の車輪は硬質ゴムのタイヤに換えられた。軽量のワイヤースポークのおかげで速度が増したので、自転車レース競技も開催されるようになった。一八八五年、ジェームズ・スターリーの甥であるジョン・ケンプ・スターリーが、ローヴァー安全自転車を考案した。こちらのほうが使い

ドライジーネ、別名「歩行二輪車」。1816年にザウアーブロン男爵カール・フォン・ドライスが発明した。

1890年のペニー＝ファージング・レース。
主催者のリーグ・オブ・アメリカン・ホイールメンは、
今日の米国自転車利用者連盟の前身である。

オートバイ

1867年から1884年にかけて、蒸気駆動の自転車は3台製作された。だが内燃機関のガソリン・エンジンを搭載した、真のオートバイを1885年にはじめて完成させたのは、ドイツ、シュトゥットガルトのゴットリープ・ダイムラーと部下のヴィルヘルム・マイバッハだった。

その木製のライトヴァーゲン(乗る車)は、ベルトドライブと、「おじいさんの時計エンジン」と呼ばれる縦型単発エンジンを使用した。燃焼室から外に突きだした白金の管をバーナーで熱して点火する。バイクの転倒防止のために両脇に補助輪がついていた。

ダイムラーの17歳になる息子のパウルが、ライトヴァーゲンの試運転をして12キロ走った。成功だったが、イグニッションの白金管が熱くなったせいでシートに火がついた。

ダイムラーのライトヴァーゲン。アインシュプア(単一軌道)の名もある。ダイムラーが「オートバイの父」と呼ばれる所以である。

やすく安全で速かった。一八八八年にスコットランド人のジョン・ボイド・ダンロップが空気入りゴムタイヤを発明すると、乗り心地はさらに改善された。

電信

電気と磁気は異なるエネルギーだと考えられていた。ところが一九世紀になって、どちらも電磁気という同一の物理現象の側面であることがわかってきた。電信を開発する試みがアメリカとヨーロッパで始まった。いち早く成功したアメリカの発明家サミュエル・モールスは、一八三二年に電信機の構想をまとめて特許を出願した。いずれもドイツの科学者であるカール・フリードリヒ・ガウスとヴィルヘルム・ヴェーバーは、一八三三年に世界ではじめて市場向けに送受信可能な電信機を考案した

いずれもドイツの科学者であるカール・フリードリヒ・ガウスとヴィルヘルム・ヴェーバーは、一八三三年に世界ではじめて市場向けの送受信可能な電信機を考案した。

ブドウのつる

きちんと張られた電信線もあったが、多くの線は無計画に木に引っかけられたり、地面で絡まって解けなくなったりした。そのような線は「ブドウのつる電信線（グレープヴァイン）」と呼ばれた。

この言葉を使いはじめたのは1850年代の奴隷と自由黒人だった。彼らは奴隷解放運動や戦争の作戦について電報で伝えられた情報を小耳にはさむと、仲間に次々と流した。そうした情報の中には疑わしいものもあり、「ブドウのつるから聞いた」という表現が、口コミで伝えられた知らせを意味するようになった。この言い回しはやがてウワサ話を指すようになる。

南北戦争で両軍が電信を利用した戦場では、乱雑でも短時間でケーブル網を展開しなければならず、よく敵に傍受されたり切断されたりした。この戦争中に約2万4150キロの軍用電信ケーブルが引かれて、専用の馬車の中で通信文が送受信された。兵士も電報を「ブドウのつる」と呼んでいる。ときにその内容が混乱して不正確だったため、非公式な情報も言い表すようになった。

南北戦争の両軍は、戦闘の合間に大急ぎで支柱を立てて、電信線をつなぎ合わせなければならなかった。

が、資金が集まらないままお蔵入りになった。イギリスでは一八三七年に発明家のウィリアム・クックとチャールズ・ホイートストンが、グレート・ウェスタン鉄道のふたつの駅を二一キロの電信線でつないでいる。

モールスは一八三八年に、一本の電信線を使用する電信機を完成させた。また友人のアルフレッド・ヴェールの協力を得て、短点と長点で構成される電信符号を作り上げた。これが後にモールス符号として知られるようになる。ヨーロッパで電信線を設置しようとするモールスの努力は実を結ばなかった。それでも一八四三年にはアメリカ議会の認可と資金を得て、首都ワシントンからメリーランド州ボルティモアに延びる電信線を敷設した。全長六〇キロの電信線は線路沿いを走り、ガラス碍子で絶縁して電柱に渡された。一八四四年に竣工すると、モールスは五月二四日に、最初の短い通信文「神の御業(みわざ)」という旧約聖書の一節を送った。

ほかの発明家も、電信機の発案者であることを主張して法に訴えていたが、一八五四年、モールスは米最高裁から特許権を認める裁定を受けた。一八五八年、最初の大西洋横断電信ケーブルが敷設された。その三年後に南北戦争が開戦すると、両軍でもとくに北部連邦軍が、部隊間の電信を大いに利用した。

機関銃

南北戦争中の一八六二年、リチャード・ジョーダン・ガトリングは近代的機関銃の先駆けとなる銃を考案した。ガトリング砲(ガン)は多銃身の連発銃で、クランクを手でまわして弾丸を発射する。ガトリングはすでに麻叩き機や蒸気鍬(くわ)を発明していた。戦争が勃発すると、速射を長く維持する火器という発想を実現すべく努力を傾けた。そうした機構が可能だと考えたのは、軍が少し前に紙薬莢から新しい真鍮製薬莢に切り替えたからだった。紙薬莢の場合、紙薬莢と雷管を別々に装着しなくてはならない。一方、金属薬莢にはすでに雷管が封入されている。一八六一年、ガトリングはインディアナ州インディアナポリスに移ると、ガトリング・ガン・カンパニーで製造を開始した。

ガトリング砲は、中央のシャフトの周囲に一〇本の銃身が束ねられている。機関部の上にある送弾容器から装塡し、手回しクランクが半回転すると弾丸を発射し、あとの半回転で排莢する。口径一四・六六ミリのガトリング砲は、有効射程一八二九メートルで、一分間に三五〇発を連射した。

ガトリングは合衆国軍の将校を前に何度か実演した。すると車輪つき台車で移動するこの銃は、一丁一〇〇〇ドルの価格で売れた。軍は終戦間際にヴァージニア州ピッツバーグの包囲戦で一二丁を投入している。ガトリングは軍から、長距離射撃にも近接戦にも使用できるモデルを作るよう要請された。その開発計画に着手したところで終戦となったが、軍は翌年に新バージョンを採用してアメリカ先住民との戦いで使用した。

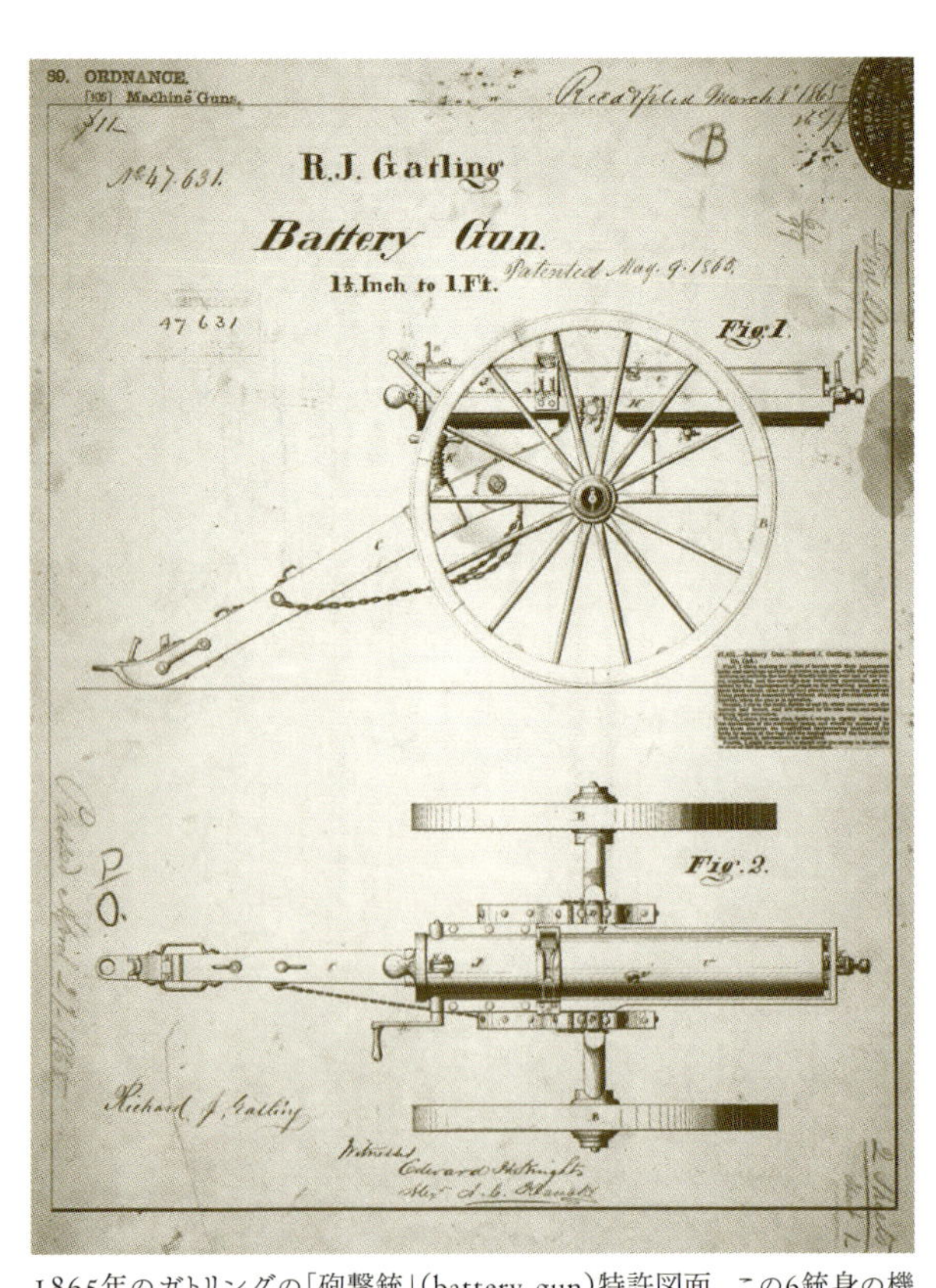

1865年のガトリングの「砲撃銃」(battery gun)特許図面。この6銃身の機関銃はアメリカ軍に制式採用された。

一八八四年には、アメリカ人発明家のハイラム・マキシムがロンドン在住時に、世界初の単銃身自動機関銃(フルオート)を生みだした。マキシムは一九〇〇年にイギリスに帰化して、翌年にヴィクトリア女王からナイト爵を授与された。第一次世界大戦中にはヴィッカーズ製造のマキシム機関銃が、ひろく運用された。
一九〇〇年には八二歳のガトリングが、外部動力にモーターを使用し発射速度が毎分三〇〇〇発に達する多銃身モデルと、ガス圧作動式の自動機関銃を開発した。

白熱電球

一八五八年、イギリスの物理・化学学者のマイケル・ファラデーがカーボンアーク灯を発明し、世界ではじめて電気を利用した照明を発光させた。ファラデーは蒸気発電機を使用して、ドーヴァーのサウスフォアランド灯台にカーボンアーク灯の明かりを灯した。そのためここは電灯を使ったはじめての灯台となったが、電灯が明るすぎて電力を大量消費するので、点灯される機会はあまりなかった。

その後発明家は、白熱電球のほうが格段に優れているのに気がついた。一八四一年に白熱電球の特許をはじめて取得したのは、フレデリック・デ・モーリンである。ところがガラス管球内の真空度をじゅうぶん上げられなかったために、どうしても上部が汚れて黒くなった。一八六五年に水銀真空ポンプが登場すると、一八七八年にはイギリスの物理学者ジョゼフ・ウィルソン・スワンが、最初の信頼性の高い炭素フィラメント電球を開発した。スワンは排気したガラス管球内に白金のフィラメントを固定

一八五八年、
イギリスの物理・化学学者の
マイケル・ファラデーが
カーボンアーク灯を発明し、
世界ではじめて
電気を利用した照明を
発光させた。

させて電球を作った。トーマス・エジソンも同時期に電球を発明した。エジソンが商業的に圧勝したのは、完全な真空状態を実現したからだ。それに対しスワンの真空は不完全だった。スワンは一八八一年にセルロース製フィラメントを開発したが、エジソンは竹製フィラメントを使用して電気めっきで導入線に接続した。

特許をめぐる法廷争いのあと、ふたりの発明家は一八八三年に会社を合併させた。エジソンはそれとは別に、一八九〇年にエジソン・ゼネラル・エレクトリック・カンパニーを創設し、一八九二年に、最大のライ

ンネルを汽車が走りはじめた。1884年、21年の工事期間を経てインナー・サークル線(現サークル線)が完成。メトロポリタン線とディストリクト線に接続して、1日に800本以上運行した。タイムズ紙はその乗り心地を「軽い拷問」と表現している。

1890年、シティ・アンド・サウス・ロンドン鉄道が、世界ではじめて地下18メートルの深さに地下鉄を開設。線路はシティからテムズ川の下をくぐってストックウェルに達した。電車を導入して黒煙の問題を解決し甲高い汽笛を廃止したが、乗客は相変わらず客車3両に窓がなく、時速24キロという低速で進むので不満たらたらだった。客車は「クッションつきの精神病室」と称された。ロンドンの地下鉄がトンネルの形から「チューブ」と呼ばれるようになるのは1900年代の初めである。

その後地下鉄は各国で続々と開通した。1896年5月のブダペスト、同年12月のグラスゴーに続き1897年9月に開通したボストンでは、初日に10万人もの人々が3分半の区間を乗車した。

メトロポリタン鉄道の開通列車に乗る高官ら。その後首相になったウィリアム・グラッドストンと細君の姿もある。

バル社のトムソン＝ヒューストン会社と合併させた。巨大化した企業は、ゼネラル・エレクトリック・カンパニーとなり現在も存続している。

一八七八年にパリがはじめて街灯にアーク灯を採用すると、その翌年にはイギリスのニューカッスルアポンタインがそれに続いた。一八七九年、アメリカの都市オハイオ州クリーヴランドが、エジソンの白熱電球を真っ先に使用して広場の照明にした。翌年にはインディアナ州ウォバッシュではじめて白熱電球が街路を照らした。ロンドンもこのタイプの街灯を一八八〇年にブリクストンで導入してい

ロンドン地下鉄

1863年1月9日、メトロポリタン鉄道はロンドンで世界初の地下鉄を開業した。当初はビショップスロード（現パディントン）とシティとをつなぐ路線だった。料金は片道3、4、6ペンスの3等級に分かれており、開業初日には4万人が利用した。最初の事故は2か月後に起こった。蒸気機関車が客車を引いたので、駅には黒煙が充満した。

1868年、ウェストミンスター－サウスケンジントン間で新たな路線（現在のディストリクト線）が開通、翌年にはイザムバード・キングダム・ブルネルと父親が設計した水底トンネル、テムズ・ト

る。

消毒剤

一九世紀の手術は、不潔な部屋で行なわれる不衛生な手技だった。外科医は手を洗わず、汚れたエプロンをつけて手術して、器具を使用後だけしか洗浄しない。そのため感染症による死亡率が高かった。

イギリスの外科医ジョゼフ・リスターは、フランスの化学者ルイ・パスツールの論にもとづいた手術をした。パスツールは、裸眼では見えない微生物が感染症などの病気の原因になっていることを証明していた。

> リスターの手法では、
> フェノールに浸したガーゼを傷口に湿布して
> 同じ処理をした包帯を巻き、
> その上にスズ箔をかぶせて絆創膏を貼った。

リスターは消毒剤のフェノールを手術創と器具に噴霧することで、そうした関連を断った。一八六七年には、受けもった病室での死亡率が低下したことを報告している。

リスターの輝かしい成功例の中には、ヴィクトリア女王の手術がある。女王はわきの下の広い範囲に膿瘍ができており、リスターに助け

ジョゼフ・リスター

1827年、英エセックス州のクエーカー教徒の家に生まれる。父親は王立協会会員で、色消しレンズの製作にはじめて成功した人物だった。リスターはロンドン大学のユニヴァーシティ・カレッジで学び、1852年に英国外科医師会の会員になった。1853年、著名な外科医、ジェームズ・サイムに師事するためにエディンバラに移り、サイムの娘のアグネスと結婚する。1856年、エディンバラ王立診療所の外科医に任命され、1861年にグラスゴー大学の外科学教授になった。

リスターはのちに、グラスゴーでの研究の協力者の功績を認めなかったことが批判にさらされた。それでも消毒法を発見したのは事実であり、近代外科医学の父とされている。

を求めた。女王のスコットランドの離宮の近くに、この外科医の住まいがあったのだ。リスターは手術前に、自分で発明した「ドンキー・エンジン」を運びこんで、助手にそれで手術野全体にフェノールを噴霧させた。不運なことに、その一部が女王の顔にかかった。この手術で女王は命拾いをしたといえるだろう。また女王がリスターの噴霧を進んで受けたことは、消毒剤使用への強固な後押しとなった。

リスターの手法では、フェノールに浸したガーゼを傷口に湿布して同じ処理をした包帯を巻き、その上にスズ箔をかぶせて絆創膏を貼った。一部の医者からの懐疑論や反対論がなくならなかったのは、手持ちの顕微鏡では微生物が見えなかったからだ。それでもリスターの消毒法で死者が減少したので、ドイツが早々に取り入れたあと、アメリカとフランス、イギリスがそれに続いた。

電話

スコットランド生まれのアメリカ人発明家、アレクサンダー・グラハム・ベルは、電話を発明する前に、「ハーモニック・テレグラフ」と呼

1892年10月18日、ベルはニューヨーク－シカゴ間の電話回線1520キロを開通する式典を執り行なった。

ぶ通信機で、一本の電信線を通して楽音［音楽で使われる音］など複数の音信を送る試みをしていた。助手のトマス・ワトソンが、調子の悪い電信送信機を動かそうとしてバネを引き抜いた音が電信線を通して聞こえたとき、ベルは音声が電信線を伝わるのを確信した。一八七六年、ベルは電信線を通して単純な音波を送ると、すぐさまこの成果を特許にした。同年の三月一二日には通話に成功。当初「エレクトリック・スピーチ・マシン」と名づけた装置を使った実験で、ベルはボストンで実験室にしていた下宿の一室に

アレクサンダー・グラハム・ベル

電話を発明したベルは、スコットランドのエディンバラで音声学者の父と聴覚障害者の母とのあいだに生まれた。1870年、ベルの家族はカナダに移住した。翌年ベルは渡米して聴覚障害の子どもの教育に携わった。そうした活動の中でいだいた「電子会話機」(electronic speech)の構想は、マイクロフォンの発明につながっている。1872年、ボストンで聴覚障害者の教師を養成する学校を設立。1873年、この養成校はボストン大学の一学部となり、ベルは発生生理学の教授として迎えられた。1877年、聴覚障害者の教え子のメーベル・ハバードと結婚し、4人の子どもに恵まれた。

1880年、ベルは聴覚障害者の教育手法の開発をさらに進めた。耳と目の不自由な少女ヘレン・ケラーとは、そうした中でかかわっている。発明も継続しており、「フォトフォン」と名づけた無線電話を製作し、弾丸摘出手術のために電気を利用した初期の金属探知機を開発した。1885年にはカナダのノヴァスコシアに居を移して、航空技術にかんする実験を開始した。75歳の最後の発明となったのは、高速水中翼船だった。1888年にはナショナル ジオグラフィック協会を創立、1896〜1904年まで会長を務めた。

ヘレン・ケラー(左)は子どもの頃にベルと出会って、将来の家庭教師となるアン・サリヴァンを紹介されている。

すわって、別の部屋にいる助手に「ワトソン君！　こっちに来てくれ！　来てくれないか！」と話しかけた。ワトソンは息を切らせながら現れた。「聞こえました！　聞こえましたよ！」

一八七六年三月七日、ベルの「電信術の改善」に対して特許番号一七四四六五が付与された。その直後から、この発明の権利を主張する訴訟が何百件も起こったが、米最高裁の判断でベルの特許権は守られた。ベルは「わたしはあとから来た人の先駆者となったばかりに、功績を横取りしたのかもしれない」と述べたあとに、功績はその後の電話開発者のものにすべきだとつけ加えた。

一八七七年、ベルは創設したベル・テレフォン・カンパニーの技術顧問となった。持ち株は全体の三分の一あったが、すぐ売却した。同年、コネティカット州に電話交換所第一号が開設。その後何度かの合併を経てアメリカン・ベル・テレフォン・カンパニーが設立され、一八九九年にアメリカン・テレフォン・アンド・テレグラフ・カンパニー（AT&T）となった。

蓄音機

ヴィクトリア時代の人々は、録音する装置を必要としていた。それを実現したのが、アメリカの発明家トーマス・エジソンである。一八七七年にエジソンは、フォノグラフと名づけた蓄音機の録音・再生を実演した。フォノグラフは円筒形のスズ箔で覆った回転ドラムでできている。拡声器から伝わった音で振動する針が、スズ箔の表面に接触して螺旋状の音溝として刻みこむ。再生するときは、異なる針でスズ箔から拾った音を拡声する。

エジソンが最初に録音したのは、『メリーさんの羊』の歌詞だった。エジソンは再生して驚き、のちに録音機はお気に入りの発明品だったと述べた。電話に接続して会話を録音する可能性も示唆した。

アレクサンダー・グラハム・ベルは一八八〇年代に、ほかの研究所員とともにこの蓄音機に重要な改良をくわえた。繊細なスズ箔の代わりに厚紙に蜜蠟をかぶせた円筒にして、音質を上げ録音時間を延長したのだ。手回しクランクもモーターと入れ替えた。

一八八七年、ドイツ生まれのアメリカ人、エミール・ベルリナーは、録音機を発明してグラモフォンと命名した。この蓄音機の水平な円盤は、近代のレコードの原型となった。音は音溝に螺旋状に刻まれていく。セラック製の円盤はエジソンのドラムよりもろくなくて扱いやすく、重力による歪みもない。原盤からプレス盤を作れば、複製を大量に作ることもできた。

ベルリナーは創意にあふれた発明家で、電話の弱い音声を聞きやすくする送話器も開発し、コンサート会場の吸音タイルを作り、航空機用の軽量内燃モーターを設計し、息子ヘンリーのヘリコプターの開発を手伝って、一九一九年に初飛行を成功させて

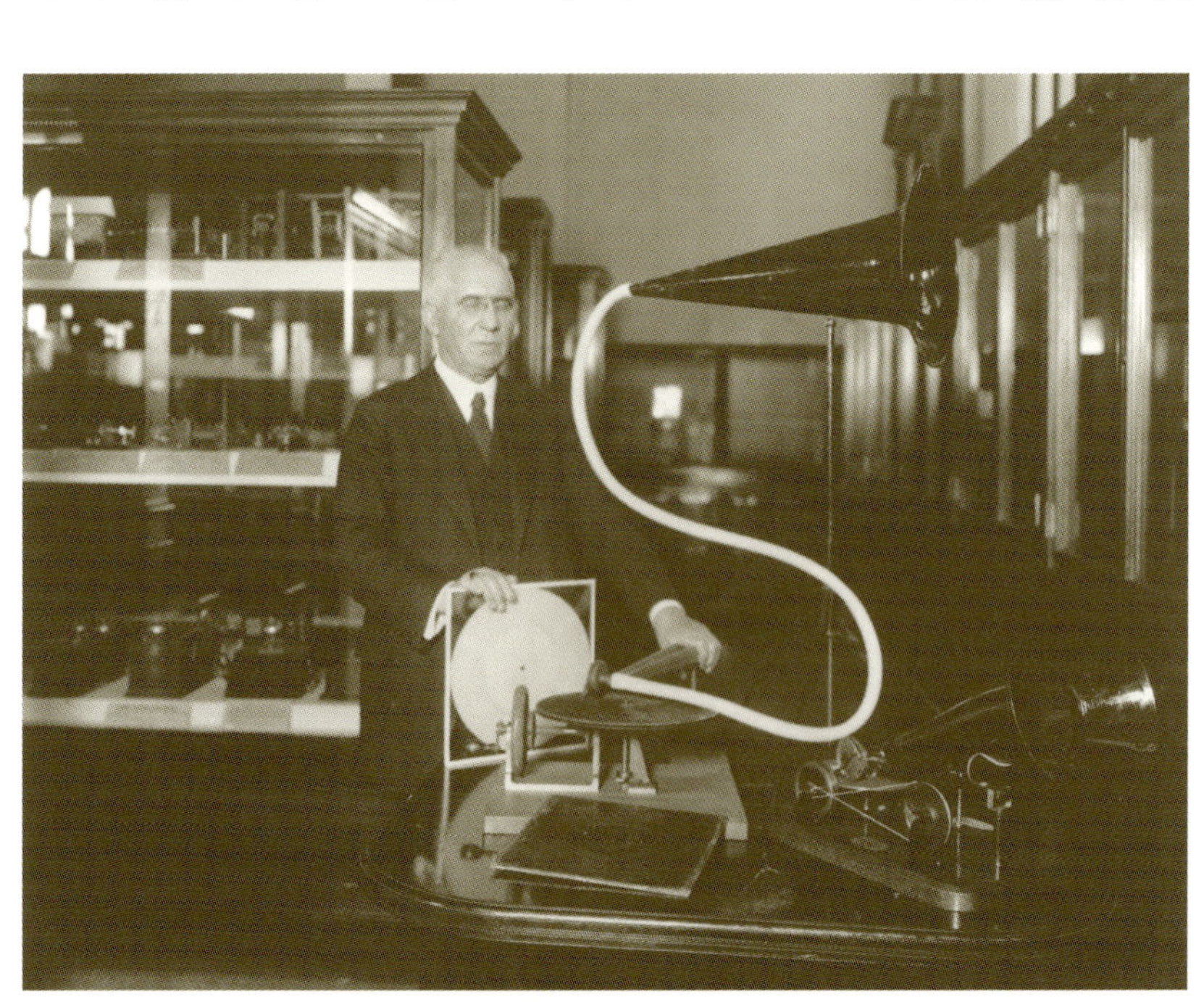

エミール・ベルリナーのグラモフォン。一般市場に売りだした平らな円盤は、近代レコードの原形となった。

いる。

ワクチン

フランスの化学者ルイ・パスツールは、微生物が病気の原因になると考えて、ワクチンを開発しはじめた。この研究はやがて免疫学の科学的基礎を固めることになる。それ以前の一八六二年にはすでに、ワインとビールを摂氏五七度前後に温めると異常発酵を防げることを発見して、牛乳の低温殺菌法を普及させていた。

パスツールはまずニワトリにコレラ菌のワクチンを接種し、成功して毒性の強い菌株への耐性を確認した。ほかのさまざまな疫病に免疫法を適用するきっかけになったという意味で、重要な実験だった。一八七九年にはヨーロッパで炭疽病が流行して、羊が死に人間にまで感染する事態になって、大規模な実験の機会が訪れた。一八八一年、パスツールは農民などから資金援助を得て、パリ郊外で大規模な公開実験を行なった。彼は農場の羊七〇頭を選ぶと、その半数にワクチンを接種した。その

> フランスの化学者、ルイ・パスツールは微生物が病気の原因になると考えて、ワクチンを開発しはじめた。

フランスのワインおよびビール業界の救世主、ルイ・パスツール。低温殺菌法を用いて、輸出時の腐敗防止に成功した。

数日後、予防接種をした羊はすべて生き残ったがあとは全滅したため、誰の目にもわかりやすい成功例となった。

次に関心を向けたのは、恐れられていた狂犬病だった。ウサギでの実験後、一八八五年に九歳のジョゼフ・マイスター少年にワクチンを接種して、完璧な成功を成し遂げた。間もなく世界中で、ワクチンのおかげで狂犬病のために命を落とすことはなくなった。尊敬と名声が寄せられたこのときが、パスツールの絶頂の瞬間だった。国際的な寄金を集めてパリにパスツール研究所が設立されて、一八八八年に開所した。

指紋法

一八八〇年、イギリスの科学雑誌ネイチャーに、指紋が個人の特定に役立つことを示唆する記事が載った。指紋は終生不変で個

1884年、ロンドン万国衛生博覧会でフランシス・ゴルトンが開いた人間測定研究所。料金を取って来場者の身体測定をした。

人によって異なるためである。ひとつは日本への医療使節を務めたヘンリー・フォールズによる論文だった。フォールズは犯罪現場での指紋の利用を提案した。イギリスの科学者フランシス・ゴルトンは世界ではじめて指紋の形を弓状紋、蹄状紋、渦状紋に分類した。一八八八年には、ファン・ベセッチがブエノスアイレス警察とともにこの分類法にもとづく識別方法を考案した。スペイン語圏の国の大半は、今でもベセッチ・システムを使用している。

イギリスでは、エドワード・ヘンリーが一九〇一年にロンドン警視庁でゴルトン＝ヘンリー指紋法を導入した。ヘンリーはのちに同警視庁の警視総監になっている。この指紋識別法はまたたく間に西洋世界で普及し、今日では容疑者の特定方法として定着し活用されている。アメリカの連邦捜査局（ＦＢＩ）には、目下二億五〇〇〇万件を超える指紋データが集積されている。

電波

電信と電話は近代の生活で重要度を増していった。だが通信のやりとりは電信線の敷設範囲を越えるものではなく、電線が消失したり損傷したりすることも珍しくなかった。その解決策が無線電波だった。ドイツの科学者ハインリヒ・ヘルツは、一八八八年に電磁波を発見して、スコットランドの物理学者ジェームズ・クラーク・マクスウェルの理論を証明した。マクスウェルは光と熱は電磁波の一種であると考えていた。一八九五年、イタリアの電気技師、グリエルモ・マルコーニは、二・五キロの距離で史上初の電波を使った無線送信に成功した。

翌年、マルコーニは渡英すると、無線通信の公開実験をロンドンに続いてブリストル海峡の両岸で行ない、いずれも成功させた。同年に「無線電信」の特許を取得。一八九九年には、イギリス海峡をはさんでイギリスとフランスを無線で結んだ。

一九〇〇年、マルコーニは「同調もしくは同調式電信」の特許を取得、翌年英コーンウォールからカナダのニューファンドランド島までの大西洋横断無線通信をはじめて送信して、このシステムが地球の湾曲の影響を受けないことを証明した。通信距離は三三八〇キロにおよんだ。一九〇二年に特許を得た磁気検出器は、初の無線受信機といえるものだった。一九〇九年、マルコーニはノーベル物理学賞を受賞した。

海上へは電信も電話も通じなかったが、ほどなくして船への無線通信が実現した。一九〇六年、カナダ人発明家のレジナルド・フェセンデンが、マサチューセッツ州ブラントロックで、一般視聴者に向けて世界初の国内「無線」ラジオ放送を行なった。

高層ビル

近代建築初の高層ビルは、一八八四年にシカゴで建設されたホーム・インシュアランス・ビルである。アメリカの建築家で工学技術者のウィリアム・ル・バロン・ジェニーによって設計された。この一〇階建てのビルは石造り

グリエルモ・マルコーニ(左)と助手のジョージ・ケンプ。1901年に大西洋をはさんだ無線通信を受信した。

ではなく、はじめて構造用鋼が使用されている。内側も外側も耐火性のある高層ビルというのもはじめてだった。こうした特徴は、その後の高層ビルに取り入れられて標準化した。一八九〇年の増築後にこのビルは一二階にまでなったが、一九三一年に別の高層ビルを建設するために解体された。このビルからシカゴ派と呼ばれる建築界の動きが始まった。ここで造られた「商業スタイル」の装飾のない四角四面の建物は、アメリカのどこの都市でも見られるようになった。

シカゴは建設者にとって申し分のない実験場だった。一八七一年の大火で何千棟という木造建築が灰になっていたので、建築家はジェニーの革命的デザインを踏襲しようとした。この都市のビルは高層化しつづけて、ついには一八九二年にマソニック・テンプル・ビルが新記録の二一階に達した。これは当時の規制ギリギリの高さだった。この建物は一九三九年に地下鉄が建設される際に取り壊された。

シカゴのホーム・インシュアランス・ビル。重量は同じ高さの石造りの建物のわずか3分の1だった。

建物を横に広げるのではなく縦に積みあげるという発想は、とくにニューヨーク市の建設家の心を捉えた。ニューヨークでは建設がマンハッタンに集中していた。新聞社は社屋の威容を競い合った。ニューヨーク・トリビューン紙のビル(一八七五年)に、タイムズスクエアの名の由来となったニューヨーク・タイムズ紙のビル(一八八九年)、ニューヨーク・ワールド紙のビル(一八九〇年)といった具合である。ニューヨークの顔ともいえる建造物、二二階建てのフラットアイアン・ビルは一九〇二年に完成した。その印象的な三角形のデザインを考案したのは、シカゴ派のダニエル・バーナムである。ただしニューヨーク一高かったのではない。その記録に値したのは、一八九九年に建設された二九階建てのパークロウ・ビルだった。アメリカには一世紀近く世界一高いビルがあったが、それも一九九八年にマレーシアのクアラルンプールにペトロナス・ツインタワーができるまでだった。

X線

ドイツのヴィルヘルム・レントゲンは、バイエルン州にあるヴュルツブルク大学の物理学教授だった。一八九五年、レントゲンは完全な暗室で陰極線管(のちのブラウン管)に黒い紙をかぶせて実験をしていた。すると驚いたことに、陰極線管から目に見えない光線が放出されていて、部屋の離れた場所にあるスクリーン上の蛍光物質が輝いた。この実験で、この光線が木や紙、アルミニウムといった固形物質を透過するのがわかった。

レントゲンはこの光線に光との関連性はないと誤解していたので、この現象を「X放射」と名づけた。この光線を当てた写真の感光板にぼんやりした像が現れるのを知ったレントゲンは、すぐに妻の手の骨のX線写真を撮影した。

すると驚いたことに、
陰極線管から目に見えない
光線が放出されていて、
部屋の離れた場所にある
スクリーン上の蛍光物質が輝いた。

一八九六年、世界的にも早い時期に、スコットランドのグラスゴー王立診療所に放射線科が創設された。その年のうちにここで、医療用X線の分野で草分けとなったジョン・ホール＝エドワーズが、始めたばかりのX線診断で、女性の手の皮膚の下の針を発見している。

一九〇一年、レントゲンはX線発見の功績が認められて、最初のノーベル物理学賞を授与された。X線のおかげで手術をしなくても体の内部を視覚化できるようになり、医療診断の常識が塗り替えられた。X線は近代物理学の発展にも寄与している。

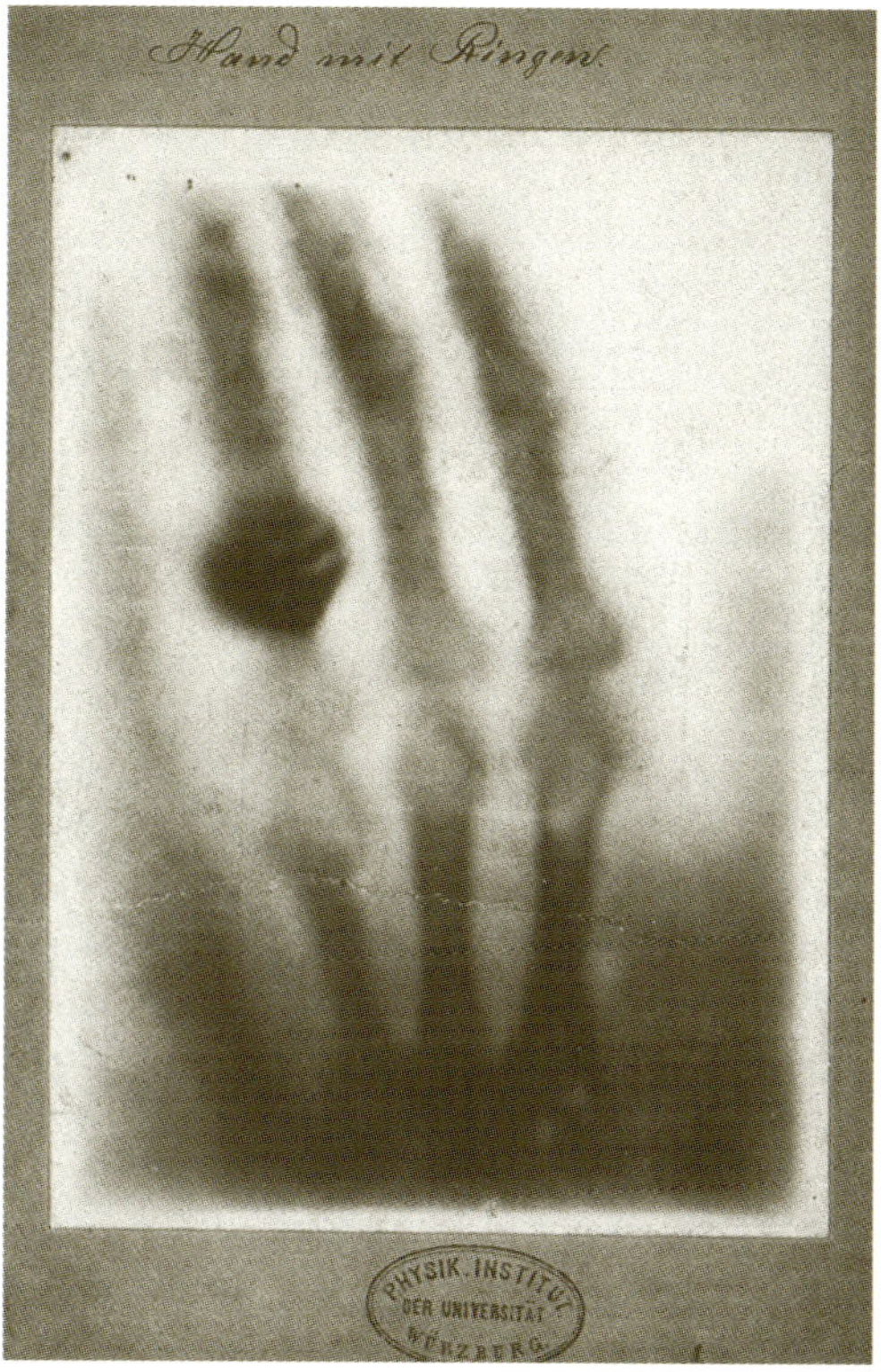

ヴィルヘルム・レントゲンが1895年に真っ先に撮影した医療用X線写真は、妻のアンナ・ベアタの手だった。

映画

静止画像から仮視運動を生じさせる、という発想の原点を最初に世に示したのは、エドワード・マイブリッジだった。このイギリス生まれの写真家はアメリカに移民したあと、一八六八年、カリフォルニア州のヨセミテ渓谷の撮影で注目されるようになった。

一八七二年、マイブリッジは鉄道王のリランド・スタンフォードに雇われた。馬が速足で駆けているとき、どこかの時点で四本脚をすべて接地していない瞬間があることを証明するためである。一八七七年、この写真家はシャッタースピード一／五〇〇秒のカメラを二四台並べて、その事実を証明した。またその後に、ズープラクシスコープと名づけた幻灯機を発明した。ガラスの円盤の端に連続写真をなぞり書きして、高速で回転させると絵が動いているように見える。それをスクリーンに投影したのだ。ズープラクシスコープは、一八九三年のシカゴ万国博覧会で人気を博して旋風を巻き起こした。マイブリッジは一八八四年から一八八七年にかけて、科学者と芸術家のために、着衣もしくは裸体の人間の動きを動画にする研究を繰り返した。

トーマス・エジソンはこの結果に興味をそそられて、一八八九年に開発チームを組み、写真用の

エドワード・マイブリッジの馬の撮影プロジェクトは、マイブリッジが妻の愛人を殺害したかどで裁判にかけられ、無罪になるまで中断していた。

トーマス・エジソン

オハイオ州ミラン生まれのトーマス・アルヴァ・エジソンは、7人兄弟の末っ子だった。学校には難聴のためにほんの数か月しか通っていない。16歳になると電信技師として働いた。1868年にボストンへ出て行き、ここで電気投票集計機を発明したが売れなかった。翌年、ニューヨークに移って株価電信表示機を発明し、この特許の売却などで4万ドルを手にした。

1871年、エジソンはニュージャージー州ニューアークに移り住んで、電信の改良に取り組んだ。5年後には同州のメンローパークで研究所を開く。ここではまず1877年の蓄音機、そして翌年の電球の発明で大成功を収めた。

妻のメアリーは3人の子どもを残して1884年に早逝した。その2年後にエジソンは再婚し、ふたり目の妻のミナとともにニュージャージー州ウェストオレンジに転居した。ここでは再度蓄音機に取り組み、1889年にキネトスコープ(覗き眼鏡式の活動写真映写機)を開発した。1920年代のエジソン最後となった開発計画は、ヘンリー・フォードとハーヴェー・ファイアストーンから人工ゴムを作ってほしい、と頼まれたことから始まった。原料として何千種類もの植物を試してようやくアキノキリンソウが有望だとわかった。1931年の死に至るまでエジソンはこの研究に取り組んでいた。

長いフィルムに撮影するキネトグラフ・カメラを作った。そしてその結果を見せるために覗き眼鏡式の活動写真映写機、キネトスコープを発明した。一八九四年には初の映写店がオープンして、五セントで数秒間連続フィルムを見せた。一八九三年、アメリカの発明家チャールズ・フランシス・ジェンキンズが、ファントスコープ映写機を作って、スクリーンに実物大の画像を投影した。翌年、ジェンキンズはそれをインディアナ州リッチモンドの家族や友人、報道関係者に見せた。トーマス・エジソンはこの特許を買い、ヴァイタスコープを製作して、一八九六年四月二三日にニューヨーク市のコスター・アンド・ビアルズ・ミュージックホールで、初の試みである活動写真の商業的上映を行なった。

活動写真のパイオニアの中に、フランスのオーギュストとルイのリュミエール兄弟がいる。このふたりは一台で一秒間に一六コマを撮影・映写するカメラを発明した。一八九五年一二月二八日にパリのグラン・カフェで映画を公開すると、翌年には四〇本以上の映画を制作した。

最後に

一九世紀に領土と見識が広がると、ヴィクトリア時代の人々は巨大なキャンヴァスに近代的で整然とした生活を描くようになった。それが容易に実現しなかったのは、産業革命によって社会の大変動が起こり、植民地戦争で無数の命が失われたためだった。当時の人々の心情では、倫理観とテクノロジーの新しい世界を広めるために、そうした犠牲は払う価値があったのだ。

進歩のおかげで裕福になった者もいた。だが、多くの者は貧困と犯罪から逃れるためにもがいており、ただ生きていられるだけで幸運だと思っていた。人々は自国内と植民地の社会的不平等を世界のあるべき姿と捉えて、交通や通信、医学といった分野での発展が、やがて万人の利益になればそれでよいと考えた。個人のレベルでは、見世物小屋からゴシック小説、自転車、活動写真にいたるまで、豊富な娯楽が出現して生活が彩り豊かになった。人々がマスメディアと娯楽に接した結果、二〇世紀の不確定な未来では、ヴィクトリア時代とは違った方向性が現れることになる。

図版クレジット

Alamy: 5 (Pictorial Press), 6 (Paul Fearn), 8 (HIP/Fine Art Images), 9 (Interfoto), 10 (World History Archive), 11 (Granger Collection), 12/13 (HIP/Guildhall Library & Art Gallery) 16 (Granger Collection), 17 (North Wind Picture Archive), 20 (Archive Farms, inc), 22 (Lordprice Collection), 23 (KGPA), 24 (World History Archive), 27 (Interfoto), 35 (Niday Picture Library), 37 (World History Archive), 38 (Classic Image), 40 bottom (Pictorial Press), 41 (G L Archive), 42 & 45 (World History Archive), 50 & 51 bottom (B Christopher), 51 top (Photo Researchers/ Science History Images), 53 (Hi-Story), 54 (Pictorial Press), 57 (Dinodia Photos), 61 (Photo Researchers/ Science History Images), 63 (Hi-Story), 65 (Photo Researchers/ Science History Images), 69 (World History Archive), 70 (HIP/Museum of London), 71 (World History Archive), 64 (Pictorial Press), 78 top (Granger Collection), 78 botoom (Art Collection 3), 79 (Pictorial Press), 84 (History Collections), 85 (Historical Image Collection by Bildagentur-online), 89 (AGE Fotostock/ Linh Hassel), 90 (Paul Fearn), 91 (G L Archive), 93 (Classic Image), 137 (916 Collection), 101 & 104 (Lordprice Collection), 115 (Print Collector), 123 (Lordprice Collection), 135 (William Stevens), 137 (Everett Collection), 138 (Pictorial Press), 140 (Lebrecht), 142 (Niday Picture Library), 145 (Lebrecht), 146 (Art Collection 3), 148 & 149 (Pictorial Press), 159 (Granger Collection), 162 (Lebrecht), 163 (Archivart), 166 (Paul Fearn), 168 (Historical
Image Archive), 172 (Peter Jordan), 177 top (B Christopher), 179 (Granger Collection), 185 (Artokoloro Quint Lox), 187 (North Wind Picture Archive), 197 (Granger Collection), 202 (Everett Collection), 202 (Lebrecht), 208 (G L Archive), 211 (Granger Collection), 213 & 217 (World History Archive), 220 (Mediscan), 221 (G L Archive), 223 (Pictorial Press), 225 (GeoPic), 226 (History Collection 2016), 227 (Everett Collection © Columbia Pictures), 228 (Ian Dagnall Computing), 232
(Pictorial Press), 235 & 240 & 241 (Granger Collection), 252 (RBM Vintage Images), 254 (Science History Images), 257 (Interfoto), 260 (Paul Fearn), 262 (Science History Images)

Alamy/Chronicle: 36, 40 top, 46, 59, 62, 66, 82, 100, 106, 113, 119, 120, 127, 133, 134, 144, 156, 157, 169, 251

Mary Evans Picture Library: 52, 62 (Elizabeth Mark Goodwin), 83, 88 (Peter Higginbotham Collection), 98, 108, 110 (National Archives, London, England), 111, 248/249 (Institute of Civil Engineers)

Getty Images: 30 (Bettmann), 56 (Photo Quest/Archive Photos), 91 (Corbis/ Fine Art Photographic), 103 (Hulton), 122 (Corbis/Stefano Bianchetti), 125 (Hulton), 129 (UIG/Leemage), 161 (Print Collector), 164 (Corbis/Photo Josse/Leemage), 210 (Hulton), 211 (The John Deakin Archive), 234 & 256 (SSPL)

Library of Congress: 14/15, 18, 25, 28, 29, 112, 117, 118, 158, 158, 174, 176, 178 bottom, 181, 183, 186, 188-191 all, 198-201 all, 217, 219, 230, 231, 238, 255, 259

Photos.com: 153, 165

Public Domain: 47, 86, 96, 131, 132, 237, 246

Shutterstock: 242 (Mmuenzi)

US Department of Defense: 193-196 all, 204, 205, 244

索引

［著者］
ジョン・D・ライト
JOHN D. WRIGHT
アメリカの作家・編集者。イギリスに在住し、ロンドンを拠点にタイム誌とピープル誌で政治・犯罪関連の記事を執筆している。歴史をテーマにした代表作『オックスフォード南北戦争名句辞書（The Oxford Dictionary of Civil War Quotations）』、『図説 呪われたロンドンの歴史』（井上廣美訳、原書房）のほかに、『犯罪捜査（Crime Investigation）』、『迷宮入り（Unsolved Crimes）』などの著書がある。テキサス大学でコミュニケーション学の博士号を取得、大学でライティングの講座をもっている。

［訳者］
角敦子
ATSUKO SUMI
1959年、福島県会津若松市に生まれる。津田塾大学英文科卒。銃から歴史、恋愛まで様々なジャンルのノンフィクションの翻訳に取り組む。訳書に、ビョルン・ベルゲ『世界から消えた50の国』、エリザベス・ウィルハイド編『デザイン歴史百科図鑑』、イアン・グラハム『図説世界史を変えた50の船』、チェ・ゲバラ他『チェ・ゲバラわが生涯』、マーティン・ドアティ他『銃と戦闘の歴史図鑑――1914►現在』（以上、原書房）などがある。

[図説]
ヴィクトリア朝時代
一九世紀ロンドンの世相・暮らし・人々

2019年1月30日　初版第1刷発行

著者――ジョン・D・ライト
訳者――角敦子
発行者――成瀬雅人
発行所――株式会社原書房
〒160-0022 東京都新宿区新宿1-25-13
電話・代表03-3354-0685
http://www.harashobo.co.jp
振替・00150-6-151594
ブックデザイン――小沼宏之[Gibbon]
印刷――シナノ印刷株式会社
製本――東京美術紙工協業組合

ISBN978-4-562-05619-4
Printed in Japan